AXEL KROHN

TROCKENE HOSEN
FANGEN KEINE FISCHE

Sprichwörter und
Lebensweisheiten
aus aller Welt

Mit Illustrationen von Susanne Kracht

Rowohlt Taschenbuch Verlag

Originalausgabe
Veröffentlicht im Rowohlt Taschenbuch Verlag,
Reinbek bei Hamburg, Mai 2010
Copyright © 2010 by Rowohlt Verlag GmbH,
Reinbek bei Hamburg
Umschlaggestaltung ZERO Werbeagentur, München
(Illustration: Susanne Kracht für FinePic, München)
Satz DTL Documenta PostScript, InDesign, bei
Pinkuin Satz und Datentechnik, Berlin
Druck und Bindung CPI – Clausen & Bosse, Leck
Printed in Germany
ISBN 978 3 499 62605 0

Für Anna Lisa

INHALT

VORWORT

Die Bulgaren sagen «Trockene Hosen fangen keine Fische» und meinen damit so viel wie «Ohne Fleiß kein Preis». Wer etwas erreichen möchte, muss etwas dafür tun, und wer Fische fangen möchte, muss gegebenenfalls auch mal ein paar Meter ins Wasser gehen, um seiner Beute näher zu kommen.

Nicht immer lässt sich auf die Schnelle ein deutsches Sprichwort finden, welches einer Redewendung aus einem anderen Land so eindeutig entspricht wie das obige Beispiel. Was bedeutet etwa das Sprichwort aus Jemen «Küsse lieber den Schuh deiner Frau im Haus als den Bart deines Schwiegervaters auf dem Markt» oder die Redewendung aus Kamerun «Die Hyäne geht nicht mit der Ziege auf Wanderschaft»?

Für das deutsche Ohr klingen Sprichwörter aus fernen Ländern und Kulturen oftmals exotisch, manchmal lustig und mitunter schwer nachvollziehbar. Doch wenn man sich die Sprichwörter aus der Nähe anschaut und nach Parallelen im Deutschen und in anderen Sprachen sucht, lässt sich ein interessantes Phänomen feststellen: Inhaltlich haben viele Sprichwörter nahezu die gleichen Aussagen!

Auch wenn die Wortwahl noch so exotisch klingen mag und von Elefanten, Nilpferden und Trollen die Rede ist, lassen sich für die meisten Aussagen entsprechende Sprichwörter in anderen Sprachen und auch im Deutschen finden. Die Erklärung hierfür ist einfach: Sprichwörter sind kleine Weisheiten, die helfen, menschliche Probleme zu lösen. Da wir Menschen – so unterschiedlich wir auch erscheinen mögen – in unserem Wesen überall auf der Welt ähnliche Züge tragen, sind sich auch unsere Sprichwörter inhaltlich häufig ähnlicher, als sich auf den ersten Blick erkennen lässt.

Der Vergleich der internationalen Varianten eines Sprichworts mit dem deutschen Äquivalent und den oftmals vorhandenen Gegensprichwörtern öffnet dem Leser daher nicht nur die Tür zu einer anderen Kultur und Landesgeschichte, sondern erweitert auch seine Perspektive auf die eigene Kultur und das eigene Wertesystem.

Ich wünsche allen Lesern viel Freude bei der Entdeckungsreise durch die Welt der internationalen Sprichwörter. Gemäß der deutschen Redewendung «Sprichwörter sind wie Schmetterlinge; manche lassen sich einfangen, und manche fliegen davon» würde ich mich freuen, wenn das eine oder andere Sprichwort eingefangen und im täglichen Gespräch Anwendung finden würde.

EIN PAAR TIPPS
ZU BEGINN

Dieses erste Kapitel hält ein paar Ratschläge und Tipps aus den verschiedensten Ländern dieser Welt parat, die helfen sollen, sicher durch den Tag zu kommen. Wer diese Sprichwörter berücksichtigt, hat gute Aussichten auf ein langes und erfülltes Leben und beste Voraussetzungen, die weiteren Kapitel dieses Buches mit schönen und hilfreichen Lebensweisheiten genießen zu können.

Die meisten Sprichwörter dieses ersten Kapitels erscheinen plausibel, auch wenn sich ihr tieferer Sinn nicht immer gleich erschließen will. Beim Lesen dieses Buches wird sich nach und nach ein besseres Verständnis für die internationalen Redewendungen und ihre kulturellen Hintergründe einstellen, und wer am Ende des Buches angekommen ist, wird keine Schwierigkeiten haben, die tiefere Bedeutung der Sprichwörter dieses ersten Kapitels zu erkennen.

Haue nie dem Mann auf den Kopf,
zwischen dessen Zähnen du deine Finger hast. (Togo)

Ein Mann mit Bart sollte nicht ins Feuer blasen. (Nigeria)

Wenn eine Biene in dein Haus fliegt, biete ihr ein Bier an –
vielleicht wirst eines Tages du ihr Gast sein. (Südafrika)

Puste niemals in ein Bärenohr. (Tschechien)

Wer die Wahrheit sagt, braucht ein schnelles Pferd. (China)

Wer Kamele beherbergen möchte, braucht große Türen.
(Afghanistan)

Puste das Streichholz erst aus, wenn die Kerze brennt. (Jamaika)

Sprich nicht über Nashörner, wenn kein Baum in der Nähe ist.
(Ghana)

Verschweige dem Mann, der dich trägt, dass er stinkt. (Ghana)

Wer Elefantenfleisch auf dem Kopf trägt,
sollte nicht nach Grillen im Boden suchen. (Nigeria)

Gut ist es, die Wahrheit zu kennen;
besser ist es, über Palmen zu sprechen. (Saudi-Arabien)

Iss nie vom gelben Schnee. (Alaska)

MANN
UND FRAU

Ein winziges Chromosom macht den Unterschied. Es ist mikroskopisch klein und dennoch Auslöser größter Herausforderungen. Denn so schön das Zusammensein von Mann und Frau sein kann, so schwierig gestaltet es sich manchmal. Zum Glück gibt es Sprichwörter, die mit viel Erfahrung, großer Weitsicht und mitunter wenig Feingefühl Aufschluss über das Auskommen mit dem anderen Geschlecht geben – wobei die Sprichwörter über Frauen interessanterweise klar in der Überzahl sind. Liegt es daran, dass Frauen komplexer, tiefgründiger oder einfach komplizierter sind? Oder brauchen Männer schlicht mehr Tipps und Hinweise, weil sie ohne Rat nicht klar sehen können, wie es zwischen Mann und Frau am besten läuft?

Die Sprichwörter dieses Kapitels geben mehr Ratschläge für ein glückliches Miteinander von Mann und Frau als so mancher Beziehungsratgeber – und nicht nur ihre direkte Aussage kann dabei sehr aufschlussreich sein, sondern auch die darin enthaltene Selbstoffenbarung. So sagen die vielen Sprichwörter, die den Mann in der Rangfolge vor die Frau stellen, einiges über den Mann selbst, sein Selbstbild, seine Wünsche und seine Schwächen aus.

Für ein gutes Abendessen und eine sanftmütige Frau
lohnt es sich zu warten. (Dänemark)

Eine Frau ist der Schatz des Hauses. (Japan)

Das beste Möbelstück ist eine Ehefrau. (Niederlande)

Eine schöne Frau ist wie frischgeschmiedetes Gold. (Indonesien)

Das Herz einer Frau sieht mehr als die Augen eines Mannes.
(Schweden)

Hundert Männer können ein Lager bauen;
doch es braucht eine Frau, um ein Zuhause zu schaffen. (China)

Je süßer das Parfüm, desto hässlicher die Fliegen,
die um die Flasche kreisen. (China)

Zwei Stücke Fleisch verwirren die Fliege. (Nigeria)

Wenn rechts und links gekocht wird,
bricht sich die Hyäne die Beine. (Kenia)

> Dieses Sprichwort aus Kenia beschreibt ähnlich wie das nigerianische «Zwei Stücke Fleisch verwirren die Fliege» die schwierige Situation eines jungen Mannes, der sich zwischen zwei Mädchen entscheiden soll. Die Frauen werden wie in Afrika nicht untypisch durch Speisen symbolisiert. Dass die Männer durch negativ besetzte Tiere wie Hyäne und Fliege verkörpert werden, ist hingegen eine Seltenheit in afrikanischen Sprichwörtern.

Ein Ehemann zu Hause ist wie ein Floh im Ohr. (Chile)

Es ist besser, sich in einen Brunnen zu werfen,
als einen alten Mann zu heiraten. (Indien)

Ein freundlicher Ehemann erfreut,
und wohnte er auch in der Wüste;
ein missmutiger Ehemann bekümmert,
und wohnte er auch in einem Schloss. (Tunesien)

Hüte dich vor Männern,
deren Bauch beim Lachen nicht wackelt! (China)

Die Kleider einer Frau sind der Preis,
den ein Mann für seinen Frieden zahlt. (Kongo)

Wenn die Größe und die Güte
einer Frau übereinstimmen würden,
könnte man ihr ein Kleid inklusive Krone
aus einem Petersilienblatt schneidern. (Frankreich)

Besser ab und zu streiten als immer allein sein. (Irland)

Wer seine Frau schlägt, schlägt alle Frauen. (Kongo)

Eine Frau ohne Scham ist wie eine Speise ohne Salz. (Tunesien)

Lobe den Tag nicht vor dem Abend,
ein Pferd nicht, bevor es ein Jahr alt ist,
und eine Frau nicht, bevor sie tot ist. (Tschechien)

Eine Frau ist zweimal liebenswert – einmal bei ihrer Hochzeit
und einmal bei ihrer Beerdigung. (Russland)

Reiche deiner Frau das kurze Messer
und behalte das lange für dich selbst. (Dänemark)

Frage deine Frau um Rat und mache dann das Gegenteil.
(Tunesien)

Auch wenn der Rat einer Frau nichts wert ist,
kommt nur der Dumme auf die Idee, ihn nicht zu befolgen.
(Spanien)

Küsse lieber den Schuh deiner Frau im Haus
als den Bart deines Schwiegervaters auf dem Markt. (Jemen)

Dieses jemenitische Sprichwort empfiehlt, Probleme mit der Ehefrau zu Hause zu lösen und ihr im Notfall nachzugeben. Im Jemen haben die Eltern insbesondere bei jungen Ehepaaren einen großen Einfluss und ein gewisses Mitspracherecht. Wenn die Ehefrau nach einem Streit mit ihrem Mann unglücklich zu ihrem Vater läuft, kann es gut sein, dass sich dieser in den Streit einmischt und die Tochter erst wieder zum Ehemann zurückkehren lässt, nachdem dieser vor ihm und seiner Tochter sein Unrecht zugegeben hat.

Drei Sorten von Männern haben Probleme,
die Frauen zu verstehen: junge Männer, alte Männer
und Männer im mittleren Alter. (Irland)

Selbst wenn die Frauen aus Glas wären,
so würden sie doch undurchsichtig bleiben. (Russland)

Wer eine Frau wegen ihres hübschen Körpers heiratet,
wird den Körper verlieren und die Frau behalten. (Niederlande)

Eine gutaussehende Ehefrau gehört der Welt,
eine hässliche Ehefrau ist die deinige. (Indien)

Liebe deine Ehefrau für ihr Wesen
und nicht für ihre Schönheit. (Südafrika)

Schönheit vergeht, ein guter Charakter bleibt bestehen.
(Philippinen)

Die meisten guten Frauen sind ohne Schönheit. (China)

Ehrliche Männer heiraten früh, weise Männer heiraten nie.
(England)

Frauen und Zimmermatten sind am besten,
wenn sie neu sind. (Japan)

Manche Frauen sind wie Bienenkästen;
sie lassen sich mal an diesen und mal an jenen Baum hängen.
(Kongo)

Manche Frauen sind wie die Tücher eines Badehauses –
jeden Tag um die Lenden eines anderen gebunden. (Türkei)

Eine Frau ist ein Feuer, wenn du davon nimmst, nimm wenig.
(Mali)

Egal, wie alt eine Frau auch sein mag:
Wenn du sie zum Brennen bringst, wird sie tanzen. (Dänemark)

Liebe ist wie Feuer: Wenn man nicht regelmäßig nachlegt,
verglimmt sie. (Russland)

Brot und Frauen sollte man heiß genießen. (Argentinien)

Ein schönes Mädchen ist wie frischer Käse. (Russland)

Die Liebe befällt den Mann über die Augen
und die Frau über die Ohren. (Polen)

Mit süßen Worten kann man Steine spalten. (Russland)

Mit süßen Worten kann man Bergziegen melken. (Georgien)

Ehen und Makkaroni: Wenn sie nicht heiß sind,
sind sie nicht gut. (Italien)

Regelmäßiges Küssen endet oft mit einem Baby. (Ungarn)

Eine Frau kann sogar dem Teufel eins auswischen. (England)

Eine Frau ohne Eifersucht ist wie ein Ball,
der nicht springt. (Japan)

Besser das Gift einer Schlange als die Eifersucht einer Frau.
(Saudi-Arabien)

Wie der Schlamm das Wasser trübt,
so ruiniert eine eifersüchtige Ehefrau die Familie. (China)

Das Meer ist die Quelle des Salzes,
und Frauen sind die Quelle des Übels. (Italien)

Bienen, Sardinen und anderes Getier – so bunt und vielfältig
wie die Damenwelt ist auch die Auswahl an Tiermetaphern,
mit deren Hilfe die Frauen und ihre Eigenschaften in den Redewendungen charakterisiert werden. Mal ähneln sie Gazellen,
mal Rindern und mitunter sogar Elefanten.

Ein Igel und ein friedvolles Leben
sind besser als eine Gazelle und ein Leben voll Gram.
(Saudi-Arabien)

Frauen sind wie Rinder: Sie wissen nicht,
wie viel Macht sie haben. (Angola)

Schau der Kuh ins Gesicht, bevor du sie melkst. (Syrien)

Mädchen sind wie Schlangen – sie häuten sich. (Kongo)

Gegen Schlangen, Frauen und Töchter
gibt es nur ein Mittel: das Stöckchen. (Tunesien)

Wer Honig möchte, darf den Stachel der Bienen
nicht fürchten. (Saudi-Arabien)

Bienen mit süßen Mündern haben Stacheln im Hintern.
(Frankreich)

Wer mit der Katze spielt, muss ihr Kratzen vertragen können.
(Saudi-Arabien)

Mit verheirateten Frauen verhält es sich
wie mit den Stoßzähnen eines Elefanten:
anfassen verboten. (Mosambik)

Eine Frau ist wie ein Gazellenfell,
auf dem nur ein Mann Platz findet. (Kongo)

Für Frauen und Sardinen gilt: je kleiner, desto besser. (Spanien)

Frauen sind wie Merino-Schafe:
Man beurteilt sie nach ihrem Hinterteil. (Südafrika)

Der Hund, der beißen möchte, knurrt;
die Biene, die stechen möchte, summt –
ein Mädchen jedoch lässt nur seine Augen leuchten. (Polen)

Auch Obst, Gemüse und Pflanzen allgemein werden gerne als
Vergleich herangezogen, wenn es darum geht, die Frau, ihr
Aussehen und vor allem ihre Entwicklung zu beschreiben. Der
Weg vom Mädchen zur Frau, von der Knospe zur Blüte bzw.
von der Weintraube zur Rosine ist Inhalt vieler Sprichwörter.

Gern werden schöne Pflanzen wie die Lotosblume oder die Rose als Metapher genommen, doch Frauen können sich auch schon mal als Bananenbaum, Melone, Pfeffer oder als Dattel wiederfinden.

Die schönsten Blumen blühen oft im Verborgenen. (China)

Die Rose verblüht, doch ihre Dornen bleiben. (Italien)

Wer eine Rose möchte, muss die Dornen respektieren. (Persien)

Die Rose hat Dornen nur für jene, die sie berühren wollen.
(China)

Die Rose, an der viele riechen, verliert schnell ihren Duft.
(Spanien)

Die Blumen des eigenen Gartens duften nicht so stark
wie die wilden Blumen, doch dafür halten sie länger. (China)

Habe Geduld mit unreifen Trauben,
später bekommst du reife zum Essen. (Saudi-Arabien)

Wenn die Feigen reif sind, wollen alle Vögel davon kosten.
(Guinea)

Wenn die Zeit gekommen ist, platzen auch die Pfirsiche,
die im Schatten wachsen. (Japan)

Eine reife Mango muss langsam gegessen werden. (Mosambik)

Bei einem Baum mit reifen Früchten
reicht ein leichtes Schütteln. (Schweiz)

Der Regen bringt die Blumen zum Blühen,
der Ehemann lässt seine Frau erblühen. (Kenia)

Aus einer guten Traube wird eine gute Rosine. (Argentinien)

Für Frauen und Datteln gilt: erst waschen, dann essen. (Algerien)

Birnen und Weiber sind an der Stelle am süßesten,
wo sie am schwersten sind. (Japan)

Eine Frau, die einen Ehemann sucht,
ist wie Gras, das auf ein Pferd wartet. (Indonesien)

Eine schöne Frau ist wie eine riesige Palme:
Man muss sie erklettern, ohne nach unten zu schauen.
        (Kamerun)

Eine Frau und eine Kirsche tragen ihre
Farbe zu ihrem eigenen Schaden. (England)

Und die Größe spielt doch (k)eine Rolle. Wenn es um das Zusammenspiel von Mann und Frau geht, stehen die Proportionen immer wieder im Mittelpunkt der Aufmerksamkeit. Gerade für den Mann, der in den meisten Kulturen als das starke Geschlecht gilt, scheint die Größe von Bedeutung zu sein, insbesondere die Größe seiner Frau. Viele Sprichwörter aus Afrika und dem arabischen Sprachraum zeigen, wie wichtig es dem Mann ist, seine Frau in jeglicher Hinsicht zu überragen. Mitunter scheint dieser Wunsch auch bei uns noch verbreitet zu sein, und viele Sprichwörter aus fernen Kulturen mit einem anderen Mann/ Frau-Verständnis wirken beim zweiten Hinsehen nicht mehr so fremd wie auf den ersten Blick.

Der Grundgedanke der meisten Sprichwörter dieser Art ist der Wunsch des Mannes, der Frau überlegen zu sein. Diese Überlegenheit manifestiert sich zunächst schlicht in der körperlichen Größe und verschiedenen Tipps an die Männerwelt, sich kleine Frauen zur Gemahlin zu suchen. Dieser Ratschlag beschränkt sich jedoch nicht auf die leibliche Größe – auch das geistige Vermögen der Frau sollte vielen Sprichwörtern zufolge dem des Mannes untergeordnet sein. Da dieses – die weiblichen Leser werden das nachvollziehen können – nicht immer möglich ist, sind viele Gegensprichwörter entstanden, welche die wahre Größe der Frau und die mitunter damit verbundene Überlegenheit zum Ausdruck bringen. Weil die Wahrheit jedoch nicht immer einfach ausgesprochen werden kann, sind die kleinen Weisheiten größtenteils sorgfältig in Metaphern verpackt und nur dem gewillten Leser bzw. Gesprächspartner ersichtlich. Man achte auf Eichhörnchen, kleine Bändchen und andere kleine Dinge und Tierchen, die Großes vollbringen können.

Ein kleines Band hält ein großes Päckchen zusammen.
(Kamerun)

Ein kleines Eichhörnchen kann eine große Nuss tragen.
(Kamerun)

Die kleinen Hölzer zünden die großen an. (Saudi-Arabien)

Ein kleiner Habicht kann einen großen Hahn davontragen.
(Kamerun)

Kleine Vögel haben lange Schnäbel. (Namibia)

Großes Brot findet keine Käufer. (Brasilien)

Die Schulter überragt nicht den Kopf –
die Frau überragt nicht den Mann. (Kongo)

Der Mann ist der Kopf, doch es ist die Frau, die ihn bewegt.
(England)

Selbst ein kleiner Mann ist ein Riese,
wenn man ihn mit einer Frau vergleicht. (Libanon)

Egal, wie groß eine Frau ist, es ist der Mann, der ihr Halt gibt.
(Nigeria)

Aus Jungen werden Männer; aus Mädchen werden Bräute.
(Nigeria)

Neben der Größe des Körpers und des Geistes spielt die Größe von bestimmten Körperteilen eine wichtige Rolle beim Zusammenfinden von Mann und Frau. Und auch wenn ein jeder seine eigenen Vorlieben bezüglich der Größen und Formen bestimmter Extremitäten hat, so gibt es doch ein paar allgemeine Aussagen, die erste Selektionskriterien beim Finden des passenden Partners darstellen können. Insbesondere Afrika und Asien haben einige schöne Sprichwörter hervorgebracht, die für den Westeuropäer auf den ersten Blick verwirrend erscheinen. Doch denkt man sich in die traditionelle Rollenverteilung und die kulturellen Ausprägungen zum Beispiel hinsichtlich der Kleidung hinein, sind die kleinen Weisheiten schnell nachzuvollziehen. Wenn ein Gesicht von einem Schleier verdeckt ist oder der Körperbau unter einem weiten Gewand nur zu erahnen ist, gibt es andere Dinge, auf die man achtet, um die passende Frau zu finden. Und wer als Frau auf großem Fuße lebt, kann manchmal große Sorgen haben!

Heirate niemals eine Frau, die größere Füße hat als du.
(Mosambik)

Eine Frau mit schönen Füßen
braucht ihr Gesicht nicht zu verdecken. (Marokko)

Die Frau mit großen Füßen steht am Ende allein im Raum.
(China)

Du sollst keine Vorstellung begehren,
die größer ist als dein Fuß. (Israel)

Normale Füße haben kein Problem damit,
den passenden Schuh zu finden. (China)

Eine Frau, die sich mit dem Besen über die Füße fegt,
wird einen alten Mann heiraten. (Kuba)

Wer sich die Füße abbindet, wird nicht schwanger werden.
(Ecuador)
Dieses Indianer-Sprichwort ist nicht als Empfehlung zur
Empfängnisverhütung zu verstehen. Es richtet sich viel-
mehr an die Frau, die schwanger werden möchte, und rät,
das «Schuhwerk» möglichst frei und luftig zu wählen.

LIEBE

Die Vielfalt an Tipps und Ratschlägen über das Zusammenleben von Mann und Frau zeigt, dass das Miteinander der Geschlechter nicht immer einfach ist. Da kann schon mal die Frage aufkommen, warum man(n) bzw. frau sich das alles antut, doch egal, wie groß die Vorteile des Alleinseins auch sein mögen, am Ende müssen sie sich einem Gefühl geschlagen geben: der Liebe! Und auch wenn beim Lesen des vorangehenden Kapitels der eine oder andere Zweifel an der Stärke der Liebe entstanden sein mag, so gibt es zum Glück eine Vielzahl an Sprichwörtern, welche die schönen Seiten der Liebe zum Thema haben. Denn wer glücklich verliebt ist, hat mehr vom Leben, bzw. wie die Ägypter es auf den Punkt bringen: Ein Verliebter sieht eine Blume mit anderen Augen als ein Kamel!

Liebe geht durch den Magen. (Deutschland)

Suppen und Liebe schmecken beim Kosten am besten.
(Portugal)

Liebe und Eier sind am besten, wenn sie frisch sind. (Russland)

Die Sauce macht das Couscous, die Liebe macht die Ehe.
(Marokko)

Für Verliebte schmeckt sogar Wasser süßlich. (China)

Liebe zwischen Vetter und Base schmeckt wie Ente. (Japan)

Liebe ist wie eine Reispflanze; wenn man sie umpflanzt, wächst sie am neuen Orte weiter. (Südafrika)

Nur zwei Dinge wählt ein Mädchen in seinem Leben für sich aus: ihre Kartoffeln und ihren Liebsten. (Niederlande)

Liebe ist wie ein Baby: Sie muss sanft gepflegt werden. (Kongo)

Herzen verbinden sich nicht so schnell wie Maulwurftunnel. (Kenia)

Alte Liebe rostet nicht. (Deutschland)

Lass deine Liebe wie den Nieselregen sein: Sie soll sanft beginnen und dann den Fluss zum Überlaufen bringen. (Liberia)

Heiße Liebhaber spüren keine Kälte. (Niederlande)

Wenn es einen Grund gibt, jemanden zu hassen, ist der Grund, ihn zu lieben, gerade entstanden. (Senegal)

Liebe, Husten und ein dicker Bauch lassen sich nicht verstecken. (Italien)

Drei Dinge lassen sich nicht verbergen: die Liebe, die Schwangerschaft und das Reiten auf einem Kamel. (Saudi-Arabien)

Wenn man verliebt ist, ist der Weg nach Bagdad nicht weit. (Türkei)

Ein Verliebter sieht eine Blume mit anderen Augen als ein Kamel. (Ägypten)

Die stärkste Liebe ist die Mutterliebe;
danach kommt die Liebe eines Hundes,
und dann kommt die Liebe des Geliebten. (Polen)

Die einzige Möglichkeit, die Liebe zu besiegen,
liegt in der Flucht. (Frankreich)

Je enger das Band, desto schneller wird es reißen. (Wales)

Wer sich zu fest bindet, löst sich bald. (Syrien)

Wer einen Hasen isst, muss auch das Laufen mitessen. (Nigeria)

Wer seinen Hund liebt, muss auch dessen Flöhe lieben.
    (Südafrika)

Wer Pilze mag, muss auch die darin
befindlichen Würmer mögen. (Togo)

>   Dieses Sprichwort aus Togo bringt die Forderung, neben
>   den guten auch die schlechten Eigenschaften eines Men-
>   schen zu lieben, am deutlichsten auf den Punkt. Wer einen
>   Menschen für dessen positive Eigenschaften und sein
>   Aussehen lieben möchte, kommt nicht umhin, auch die
>   negativen Eigenschaften zu akzeptieren und bestenfalls
>   sogar zu lieben.

Die Liebe schließt auch den Raben auf dem Hausdach
des Geliebten mit ein. (China)

HAARIGE
ANGELEGENHEITEN

Ob es nun um das berühmte Haar in der Suppe, die Haare auf dem Kopf, im Gesicht oder anderswo geht: Viele Sprichwörter widmen sich ihrem Wuchs und schärfen unseren Blick für ihre Bedeutung. Dass ein weißer Bart für viel Erfahrung und Weisheit stehen kann, ist einfach nachzuvollziehen. Dass Frauen mit ihren Frisuren den Männern den Kopf verdrehen, ist eine schöne Sache, und dass Männer ab einem gewissen Alter einfach nur froh sind, wenn sie überhaupt noch Haare auf dem Kopf haben, leuchtet ebenfalls ein. Doch bereits bei den Bärten wird die Angelegenheit vielschichtiger, ist doch der Bart in vielen Kulturen Symbol für Reife und Stärke. Und so, wie man bei uns manchen Mann darum bedauert, dass zu Hause seine Frau die Hosen anhat, so erntet anderswo derjenige Mann den Spott der anderen, dessen Frau den Bart wachsen lässt. Da ist es nicht weiter überraschend, dass viele Sprichwörter zum Ausdruck bringen, wie wichtig es ist, dass der Mann den Bart trägt und nicht etwa seine Frau.

Der Himmel schmückt sich mit Sternen,
ein Mann mit seinem Bart und eine Frau mit ihrem Haar.
(Russland)

Frauen haben lange Haare und ein kurzes Gedächtnis.
(Schweden)

Nimm dich in Acht vor Männern ohne
und vor Frauen mit Bart. (Baskenland)

Gegen eine Frau mit Bart
kann auch der Teufel nicht bestehen. (Brasilien)

Wende dich ab von der Frau, die ihr Gesicht rasiert.
(Spanien)

Eine Frau mit Bart ist eine verruchte Sache. (Niederlande)

Eine Frau mit Schnurrbart soll man nur aus der Ferne grüßen.
(Kolumbien)

Ein haariger Mann ist reich; eine haarige Frau ist eine Zicke.
(USA)

Gib deiner Ehefrau nicht ein einziges Haar deines Bartes.
(Saudi-Arabien)

Reiß dir lieber den Bart aus,
als ihn deiner Frau zu geben. (Iran)

Gott beschütze den haarigen Mann
und die geschmeidige Frau. (Saudi-Arabien)

Erst als sie auf dem Pferd saß, bemerkte sie,
dass sie vergessen hatte, sich zu rasieren. (Marokko)

> Dass auch der Haarwuchs unterhalb des Kinns nicht zu
> vernachlässigen ist, belegt diese marokkanische Rede-
> wendung. Der Ausspruch bezieht sich auf die junge Braut,
> die auf dem Weg zu ihrer Hochzeit bzw. zu ihrem neuen
> Zuhause durch ein Piksen darauf aufmerksam wird, sich
> nicht optimal auf ihre neue Rolle als Ehefrau vorbereitet zu
> haben. Auch das Sprichwort «Gott beschütze den haarigen
> Mann und die geschmeidige Frau» aus Saudi-Arabien be-

legt, dass üppiger Haarwuchs im arabischen Sprachraum hinsichtlich der Geschlechter durchaus unterschiedlich bewertet wird.

Man kann einem Mann während seiner Abwesenheit nicht den Kopf rasieren. (Nigeria)

Einem Glatzkopf wachsen keine Haare, egal, wie sehr er sich darum bemüht. (Togo)

Ein Friseur kann dir die Haare schneiden, doch er kann sie nicht für dich wachsen lassen. (Nigeria)

> Dieses Sprichwort stammt von den Igala aus Nigeria. Es bezieht sich auf die Beziehung zwischen Vater und Sohn und die Vorbereitung auf das Leben. Der Vater (Friseur) kann den Sohn durch eine gute Ausbildung (Haarschnitt) auf das Leben vorbereiten. Was der Sohn mit seiner Ausbildung macht und ob er bereit ist zu arbeiten (die Haare wachsen zu lassen), kann jedoch nur der Sohn selbst entscheiden.

Wenn eine Familie in den Ruin geht, wächst der ältesten Schwiegertochter ein Bart. (Korea)

Es ist leichter, einmal im Jahr ein Kind zur Welt zu bringen, als sich jeden Tag zu rasieren. (Russland)

Ähnlich, wie die Frauen im Kapitel «Mann und Frau», mal als Eichhörnchen und mal als Paketband verkleidet, zeigen, dass sie dem Mann durchaus gewachsen sind, gibt es auch im Zusammenhang mit Bärten Gegensprichwörter, welche die Stärke der Frauen belegen. Mal als Kamm und mal als Schere,

Jedes Zimmer hat seine Miete,
und für jeden Bart gibt es eine Schere. (Tunesien)

zeigen sie, dass auch der stärkste Bart(träger) gestutzt werden kann.

Wirres Haar braucht einen großen Kamm. (Serbien)

Für jeden Bart gibt es einen Kamm. (Saudi-Arabien)

VATER, MUTTER
UND KIND

Wertvolle Ratschläge über die Liebe und für ein harmonisches Zusammenleben von Mann und Frau haben bereits die vorherigen Kapitel gegeben. Doch was passiert, wenn Nachwuchs hinzukommt und aus dem Paar eine Familie wird? Auch für diese Situation stehen einem viele Sprichwörter mit gutem Rat zur Seite und helfen, den Herausforderungen des familiären Alltags optimal zu begegnen. So dürfte zum Beispiel die Feststellung aus Haiti, dass Kinder keine Hunde und Eltern keine Götter sind, gerade jungen Eltern bei der Erziehung helfen. Im Vergleich zu den vorangehenden Kapiteln erhält die Frau ab dem Moment, wo sie zur Mutter wird, eine deutlich höhere Wertschätzung und Achtung. Das Gegenteil gilt allerdings für das Geschlecht des Nachwuchses: Töchter können in den meisten Sprichwörtern nicht gegen Söhne bestehen und sollten dieses Kapitel daher besser überspringen.

Kinder sind keine Hunde; Erwachsene sind keine Götter.
(Haiti)

Jeder Käfer ist in den Augen seiner Mutter eine Gazelle.
(Mauretanien)

Ein Haus ist nicht auf Erde gebaut, sondern auf einer Frau.
(Serbien)

Kein Tempel kann so schön sein wie die eigene Mutter.
(Indien)

Kein Parfüm riecht so gut wie die eigene Mutter. (Griechenland)

Deine Mutter bleibt deine Mutter,
mögen ihre Beine noch so kurz sein. (Malawi)

Ein Kind ohne Mutter ist wie ein Currygericht ohne Zwiebeln.
(Indien)

Eine Mutter, die das Korn zerreibt, ist besser als ein Vater
mit 8000 Pferden am Hofe des Großmoguls. (Indien)

Führe deine Familie so, wie du kleine Fische kochst –
sehr behutsam. (China)

Bestrafe dein Kind, und die Welt wird es lieben. (Nigeria)

Dieses Sprichwort aus Nigeria erinnert an autoritäre Erziehungstipps wie «Ein paar Schläge haben noch niemandem geschadet» und würde, laut geäußert, bei uns sofort das Jugendamt auf den Plan rufen. Tatsächlich handelt es sich bei dem Sprichwort der Volksgruppe der Haussa aber keineswegs um die Empfehlung, sein Kind regelmäßig zu bestrafen und womöglich zu schlagen. Es ist vielmehr der gutgemeinte Rat, seine Kinder ohne besondere Privilegien aufwachsen zu lassen. Das Sprichwort basiert auf der Beobachtung, dass Kinder reicher Eltern oft von den Kindern armer Eltern beneidet und später gehasst werden. Die Aussage ist daher als Empfehlung zu verstehen, seine Kinder «normal» aufwachsen zu lassen, sodass sie ein gesundes Verhältnis zur Gesellschaft entwickeln und viele Freunde finden können.

Wer mich einen Tag lang unterrichtet,
ist mein Vater für den Rest meines Lebens. (China)

Die Liebe eines Kindes ist wie Wasser in einem Korb.
(Argentinien)

In einem Teich ohne Fische sind Krebse angesehene Tiere.
(China)

Dieses chinesische Sprichwort gehört in die Gruppe der Redensarten, in welcher die Wertigkeit von Töchtern und Söhnen verglichen wird. In den vergangenen Jahrhunderten war es für Familien häufig existenziell wichtig, männliche Nachkommen zu zeugen. Sie sorgten für das zukünftige Einkommen und damit auch für die Versorgung der Eltern, wenn diese alt und schwach waren. Mädchen hingegen wurden meist jung verheiratet, verließen das Haus und waren fortan der Familie des Ehemanns zugeordnet. Viele Sprichwörter zeugen noch heute von diesen Zeiten und zeigen mal mehr, mal weniger deutlich, welches Geschlecht man sich bei seinen Nachkommen gewünscht hat. Das Sprichwort «In einem Teich ohne Fische sind Krebse angesehene Tiere» besagt, dass in einer Familie ohne Söhne (Fische) die Töchter (Krebse) einen höheren Stellenwert genießen als in einer Familie mit Söhnen.

Wer viele Töchter bekommt,
dem werden die Hunde zu Schwiegersöhnen. (Tunesien)

Zehn Pfirsichblütentöchter können nicht
an einen hinkenden Sohn heranreichen. (China)

Mädchen sind wie Pferde – wenn man sie nicht
im jungen Alter weggibt, verlieren sie ihr Glück. (Italien)

Ein Haus voller Töchter ist wie ein Keller voll
mit schlechtem Bier. (Niederlande)

Wenn dir eine Tochter geboren wird, fühlt es sich an,
als ob sieben Diebe in die Speisekammer einziehen.

(Polen)

Lieber zwei Skorpione im Haus als zwei Töchter. (Sahara)

Wer eine Witwe mit drei Töchtern heiratet,
heiratet vier Diebe. (England)

Drei Töchter sind wie drei Diebe,
drei Söhne sind wie neun Drachen. (China)

> Bei der Interpretation dieses chinesischen Sprichworts
> muss man einen wichtigen Unterschied zwischen dem
> chinesischen und dem europäischen Symbolismus be-
> rücksichtigen. In China gilt der Drache als Glücksbringer
> und ist darüber hinaus ein Symbol des Kaisers, welches für
> Würde und Macht steht. In dem Sprichwort werden Töch-
> ter also nicht nur als Diebe eingestuft, sondern gleichzeitig
> auch die Söhne als Glücksbringer gepriesen.

Töchter und tote Fische sind nicht lange haltbar. (Schottland)

Eine verheiratete Tochter ist wie verkauftes Ackerland.

(China)

Wer einen Sohn hinterlässt, ist nicht wirklich tot. (Dänemark)

Einen Stein kann man nicht zudecken. (Japan)

> Dieses japanische Sprichwort bezieht sich auf den Umgang
> von erwachsenen Kindern mit ihren Eltern – der genann-
> te Stein bezeichnet den Grabstein der Eltern. Das Sprich-
> wort bringt zum Ausdruck, dass man die eigenen Eltern
> nur so lange umsorgen kann, wie diese leben, und warnt

davor, seine Eltern zu vernachlässigen und dieses später zu bereuen.

Wenn familiäre Verbundenheit von Nutzen wäre,
würden Fische nicht im Wasser gekocht werden. (Kamerun)

Kleine Kinder saugen an ihrer Mutter,
große Kinder an ihrem Vater. (Jamaika)

HERKUNFT
UND ENTWICKLUNG

Wer sind wir, woher kommen wir, und was kann aus uns werden? Fragen wie diese beschäftigen die Menschheit seit Tausenden von Jahren und sind Ursprung vielerlei Sprichwörter und Redewendungen. Es geht darum festzustellen, wie sehr wir durch unsere Herkunft festgelegt sind bzw. inwieweit unser Weg vorbestimmt ist. Welche Möglichkeiten bieten sich dem einzelnen Menschen in seiner Entwicklung? Ist es dem Individuum möglich, eine höhere Stufe zu erklimmen?

Dass die Antwort nicht immer einfach ist, zeigen die zum Teil durchaus widersprüchlichen Sprichwörter, die uns zumeist in Form von Metaphern aus der Tierwelt unsere Möglichkeiten vor Augen führen. So sagt zum Beispiel ein russisches Sprichwort, dass aus einer einfachen Henne ein stolzer Hahn werden kann, während man in Ungarn glaubt, dass aus einem alten Klepper ein schönes Reitpferd werden kann. In Japan kann eine Maus gar zum Tiger werden. Und wer kann nicht den kleinen Lurch verstehen, der laut einem afrikanischen Sprichwort davon träumt, ein großes Krokodil zu werden?

Doch bevor wir aus einer Fliege einen Elefanten machen, wollen wir auch die andere Seite anhören: In Finnland ist man sich sicher, dass ein Hase immer ein Hase bleibt. Dieses bestätigt man auch in Vietnam, wobei hier allerdings der Affe ein Affe bleibt. Und auch in Deutschland bleibt ein Hund ein Hund, oder, wie die Ungarn es ausdrücken: Aus einem Hund wird kein Speck. Denn letzten Endes bleibt man, was man ist – egal, ob Hunde in die Kirche gehen (Estland), Kamele nach Mekka pilgern (Türkei) oder Katzen ins Kloster ziehen (Äthiopien).

Je kleiner der Lurch, desto größer seine Hoffnung,
ein Krokodil zu werden. (Äthiopien)

Aus einer Henne kann ein Hahn werden. (Russland)

Aus einem alten Klepper kann ein schönes Reitpferd werden.
(Ungarn)

Aus einer Maus kann ein Tiger werden. (Japan)

Zu bestimmten Zeiten kann eine Katze zum Tiger werden.
(Korea)

Ein Leopard kann einen Bären zum Sohn haben. (Nigeria)
Dieses nigerianische Sprichwort klingt zunächst etwas
unglaubwürdig. Doch ähnlich wie in unserem Sprachkreis
stehen auch in Nigeria bestimmte Tiere für bestimmte Charaktereigenschaften, die sich gut auf den Menschen über-
tragen lassen. Das Sprichwort drückt aus, dass auch ein
dynamischer, kraftvoller und freiheitsliebender Vater einen
arbeitsscheuen und zurückhaltenden Sohn haben kann.

Ein Affe bleibt immer ein Affe. (Vietnam)

Ein Hase bleibt immer ein Hase. (Finnland)

Bär bleibt Bär, schickt man ihn auch übers Meer. (Deutschland)

Dreck bleibt Dreck, und wenn er auch den Euphrat überquert.
(Türkei)

Hund bleibt Hund, und wenn er auch
die Donau durchschwimmt. (Ungarn)

Ein Kamel bleibt ein Kamel,
auch wenn man es mit Edelsteinen belädt. (Saudi-Arabien)

Und wenn ein Kamel auch 40-mal nach Mekka geht,
es wird kein Hadschi. (Türkei)

Und wenn eine Katze auch ins Kloster geht,
so bleibt sie doch eine Katze. (Äthiopien)

Nimmst du einen Hund auch mit in die Kirche –
wenn du ihn zurückbringst, ist er derselbe haarige Hund.
(Estland)

Wer mit einem Ferkel nach Deutschland geht,
kommt zurück mit einer Sau. (Finnland)

Die finnische Variante von «Hund bleibt Hund» bzw. «Schwein bleibt Schwein» überrascht. Da soll man nun mit einem niedlichen Ferkelchen nach Deutschland reisen, und wie kommt man zurück? Mit einer Sau! Was denken denn die Finnen von den Deutschen?, mag man sich fragen und hinter diesem Sprichwort gar eine versteckte Beleidigung vermuten. Doch genau das Gegenteil ist der Fall, und bevor es zu internationalen Missverständnissen kommt, sei der Hintergrund dieser Redewendung aufgeklärt: Im Mittelalter war Deutschland für Finnland das, was für uns Rom bzw. im arabischen Sprachraum Mekka ist. So wie der Ausspruch «Alle Wege führen nach Rom» die Größe und wichtige Bedeutung Roms als kulturelles Zentrum Europas bezeugt, so galt Deutschland für das mittelalterliche Finnland als Zentrum der kultivierten Welt. Der Inhalt des Sprichworts erhält durch die Nennung Deutschlands die höchste Aussagekraft, da ein Schwein eben immer ein Schwein bleibt, selbst wenn es eine Zeitlang in feinster Gesellschaft (in Deutschland) verbringt.

O du, dessen Vater Zwiebeln sind
und dessen Mutter Knoblauch ist,
wie sollst du nur gut duften können? (Saudi-Arabien)

Was von der Kuh geboren ist, bleibt ein Rindvieh. (Deutschland)

Drachen gebären Drachen. (China)

Dattel und Dattel ergibt Datteln. (Syrien)

Der Schatten des Krummen ist krumm. (Saudi-Arabien)

Holz kann zehn Jahre im Wasser schwimmen
und wird doch kein Krokodil. (Mali)

Auf der Melonenranke wachsen keine Auberginen. (Japan)

Von wilden Zitronenpflanzen kann man keine Bohnen ernten.
    (Namibia)

Aus dem Sohn eines Frosches wird kein Fisch. (Estland)

Aus einem Wolf wird kein Lamm. (Deutschland)

Aus einem Hund wird kein Speck. (Ungarn)

Aus einem Mops wird kein Jagdhund. (Deutschland)

AUFSTIEG
UND ZUFRIEDENHEIT

Die Entwicklung des Menschen ist einzigartig. Keine andere Spezies hat es im Laufe der Geschichte zu einem vergleichbaren Fortschritt gebracht – kein Tier fährt Auto, dreht Kinofilme oder denkt über den Atomausstieg nach. Ob dieser sogenannte Fortschritt mehr Vorteile als Nachteile mit sich bringt, soll an dieser Stelle nicht erörtert werden. Interessant ist vielmehr die Motivation, die den einzelnen Menschen in seiner Entwicklung antreibt. Denn die meisten von uns wollen hoch hinaus oder zumindest doch ein bisschen höher.

Der Wunsch nach Erfolg und Aufstieg, sei er nun materiell oder ideell, begleitet den Menschen bereits seit Ewigkeiten und wird seit einiger Zeit gern mit dem Wort «Karriere» umschrieben. Da jeder Aufstieg auch mit Risiken verbunden ist und Rückschläge keine Seltenheit sind, raten Sprichwörter, die eigenen Möglichkeiten realistisch einzuschätzen und das richtige Maß zu halten. Denn bekanntlich kommt Hochmut vor dem Fall, bzw. wie man es in Russland ausdrückt: «Je höher das Schloss, desto näher ist es den Blitzen.» Und so gilt es, stets abzuwägen, was man im Leben erreichen möchte, welches der beste Weg dahin ist und wo die eigenen Grenzen liegen.

Schuster, bleib bei deinem Leisten. (Deutschland)

Eine Kröte sollte ihr Essen nicht auf hohen Bäumen suchen.
(Nigeria)

Eine Henne fliegt nicht über ihren Stallzaun. (Nigeria)

Auch wenn die Krabben herumtanzen,
verlassen sie nicht den Fluss. (Japan)

Bäume wachsen nicht in den Himmel. (Deutschland)

Ohren können nicht größer sein als der Kopf. (Nigeria)

Das Fell einer Ziege kann keine Kuh bedecken. (Sambia)

Hochmut kommt vor dem Fall. (Deutschland)

Je höher der Berg, desto tiefer das Tal. (aus dem Lateinischen)

Je größer sie sind, desto härter fallen sie. (USA)

Wer in der Baumkrone ernten will,
wird Futter für die Wurzeln. (Australien)

Spatzen sollten nicht mit Kranichen tanzen –
ihre Beine sind zu kurz. (Dänemark)

Der gierige Falke reißt sich selbst die Klauen ab,
wenn er sie zu tief in die Beute schlägt. (Japan)

«Als ich mir lautstark Hörner wünschte,
schnitten sie mir die Ohren ab», klagt der Esel. (Kenia)

Je höher das Schloss, desto näher ist es den Blitzen.
(Russland)

Wenn der Bauch des Armen voll ist, wird er übermütig.
(Tunesien)

Spatzen, die sich wie Pfauen benehmen,
brechen sich leicht ein Bein. (Burma)

Wenn ein Esel zu Reichtum gelangt, tanzt er auf dem Eis.
(Tschechien)

Die Mücke, die eine Schildkröte sticht,
bricht sich den Schnabel. (Italien)

Zu große Gefräßigkeit tötet die Rohrratte. (Nigeria)

Es ist unmöglich, zwei Wassermelonen
in einer Hand zu halten. (Aserbaidschan)

Versuche nie, zwei Frösche mit einer Hand zu fangen. (China)

Wer zwei Hasen jagt, fängt keinen. (Japan)

Unter niedrigen Decken soll man nicht hoch springen.
(Tschechien)

Man soll nicht mehr trinken, als der Bauch aufnehmen kann.
(Nigeria)

Egal, wie viel Wasser der Fluss führt, er will ständig wachsen.
(Kongo)

Sobald die Kuh ein silbernes Euter hat,
wünscht sie sich Zitzen aus Gold. (Russland)

Es ist Unsinn, zwei Bäume gleichzeitig erklettern zu wollen,
nur weil man zwei Füße hat. (Äthiopien)

Wer es schafft, einen Dornenbaum zu erklettern,
schafft es vielleicht nicht wieder herunter. (Kenia)

Manche Menschen nutzen in ihrem Leben ihre Beziehungen zu Leuten in höheren Positionen. Andere versuchen ihren Aufstieg dadurch zu beschleunigen, dass sie sich bei Vorgesetzten anbiedern oder, wie es der Volksmund sagt, «einschleimen». Dass dieses Vorgehen nicht immer von Erfolg gekrönt sein muss, wird auch in einigen Sprichwörtern deutlich.

Es ist leicht, ein Kanu über einen schleimigen Grund zu schieben. (Kamerun)

Mit schmierigen Skiern kommt man nicht in den Himmel. (Finnland)

Wer mit seinen Vorgesetzten Kirschen isst, dem spuckt man die Kerne direkt ins Gesicht. (Dänemark)

Wenn man niemanden in der Krone des Apfelbaums kennt, muss man unreife Äpfel essen. (Nigeria)

Mit einem geliehenen Zahn kann man nicht essen. (Nigeria)
> Dieses Sprichwort von der Volksgruppe der Haussa bezieht sich auf das Selbstbewusstsein einer Person und ihre soziale Verwurzelung. Der Ausspruch warnt davor, seine Wurzeln und das darauf begründete Selbstbewusstsein und Weltbild leichtfertig gegen neue soziale, religiöse oder kulturelle Werte einzutauschen. Diese können zwar zunächst als die bessere Alternative erscheinen, entpuppen sich aber hinterher oft als fehlerhaft und irreführend.

Wenn man ein Ziel erreicht hat, ist dieses oftmals ein guter Zeitpunkt, innezuhalten. Man kann sich freuen, angekommen zu sein, und darf sich durchaus ein wenig Zeit nehmen, dieses Gefühl zu genießen. Wenn man möchte und genug Potenzial verspürt, kann man sich dann das nächste Ziel setzen und sich daranmachen, dieses zu erreichen. Empfehlenswert ist es hierbei, ein erreichbares Ziel zu wählen und sich diesem im richtigen Tempo zu nähern. Wenn man das Gefühl hat, angekommen zu sein, kann man auch auf höhere Ziele verzichten und genießen, was man hat. Oftmals kann man mit dem Erreichten durchaus zufrieden sein, schließlich kann nicht jeder Präsident werden, oder, wie man es in Saudi-Arabien ausdrückt: «Lieber mit ein paar trockenen Datteln in der Hand zufrieden sein, als das Pfauentor zu besitzen und von einem brünftigen Kamel ins Auge getreten zu werden.»

Besser den Spatz in der Hand als die Taube auf dem Dach.
        (Deutschland)

Besser einen Salzhering auf dem eigenen Tisch
als ein frischer Hecht auf dem Tisch eines anderen. (Dänemark)

Lieber einen Mundvoll Salziges
als einen Bauch voll Salzlosem. (Estland)

Ein gewürzter Knochen ist besser
als stinkendes Fleisch. (Saudi-Arabien)

Lieber heute das Ei als morgen die Henne. (Türkei)

Lieber ein Leben im After des Hundes
als Röcheln vor dem Röcheln des Todes. (Saudi-Arabien)

Besser das Gurgeln eines Kamels
als die Gebete eines Fisches. (Ägypten)

Lieber mit ein paar trockenen Datteln in der Hand
zufrieden sein, als das Pfauentor zu besitzen
und vom einem brünftigen Kamel
ins Auge getreten zu werden. (Saudi-Arabien)

Wer eine gute Frau und eine ordentliche Kohlsuppe hat,
sollte nicht nach anderen Dingen suchen. (Russland)

Übermut tut selten gut. (Deutschland)

Ein Frosch trinkt nicht den Teich aus,
in dem er lebt. (Nordamerika)

Melke die Kuh, aber reiß ihr nicht das Euter ab. (Griechenland)

Ein Mann mit zu vielen Ambitionen findet keinen Schlaf.
(Ghana)

Wer zu tief graviert, bekommt am Ende ein Loch. (Indien)

Die Termite, die sich beim Fliegen überschätzt,
endet als Krötenfutter. (Nigeria)

Die rastlose Fliege fällt in die Grütze. (Kamerun)

Eine Meise kann sich aufpusten, bis sie platzt,
doch wird sie nie so groß wie ein Kranich sein. (Russland)

GEDULD UND EILE

Schöner, höher, weiter, besser – und das möglichst schnell! Wenn es um das Erreichen von Zielen oder den eigenen Aufstieg geht, kann es vielen gar nicht schnell genug gehen. Dass großer Ehrgeiz in Verbindung mit einem hohen Tempo nicht immer zum Ziel führt, bezeugen Sprichwörter aus nahezu allen Kulturkreisen. Der größte Erfolg winkt, wenn man die Dinge zum richtigen Zeitpunkt und im richtigen Tempo angeht. «Man muss das Eisen schmieden, solange es heiß ist», oder, wie man es in Kamerun ausdrückt: «Man muss den Baum biegen, solange er jung ist.» Doch bevor man den Baum biegen kann, muss man ihn erst einmal wachsen lassen – viele Sprichwörter preisen daher die Geduld als Tugend und mahnen zur Ruhe. Schließlich will gut Ding Weile haben, oder, wie man in Ghana sagt: «Das Gras wächst nicht schneller, wenn man daran zieht.»

Man muss das Eisen schmieden, solange es heiß ist.
        (Deutschland)

Man muss den Baum biegen, solange er jung ist. (Kamerun)

Der Sand lässt sich scharren, solange er feucht ist. (Kongo)

Man muss sich um seine Zähne kümmern,
solange sie noch im Mund sind. (Nigeria)

Gut Ding will Weile haben. (Deutschland)

Der Mond bewegt sich langsam,
und doch überquert er die ganze Stadt. (Ghana)

Was lange währt, wird endlich gut. (Deutschland)

Geduld bringt Rosen. (Ungarn)

Alles kommt zu denen, die warten. (England)

Das Gras wächst nicht schneller, wenn man daran zieht. (Ghana)

Der Wolf nährt sich von seinen Füßen. (Russland)

Übung macht den Meister. (Deutschland)

Nur durch Übung lernt der Affe das Springen. (Elfenbeinküste)

Haar für Haar kann man den ganzen Bart entfernen. (Russland)

Stück für Stück wachsen die Bananen. (Kongo)

Eine reife Melone fällt von allein herab. (Nigeria)

Man kann einem Speer erst ausweichen,
nachdem er geworfen wurde. (Kenia)

Man muss lange hinter einer Wildgans herlaufen,
bis man eine Pfauenfeder findet. (Dänemark)

Solange die Bienen nicht ausgeräuchert sind,
kann man den Honig nicht essen. (Russland)

Wenn du es eilig hast, nimm den alten Weg. (Burma)

Wenn du es eilig hast, mach einen Umweg! (Japan)

Eile mit Weile. (Deutschland)

Die Europäer haben die Uhr, wir haben die Zeit. (Tansania)

Ein Mann in Eile trinkt den Tee mit einer Gabel. (Indien)

MACHT UND HIERARCHIE

Macht ist ein Phänomen. Schon Kleinkinder wollen «Bestimmer» sein und haben eine klare Vorstellung von Hierarchie: Die Eltern erlauben bzw. verbieten Dinge, das ältere Geschwisterchen führt das jüngere, und das jüngere befehligt den Hund. Was im frühen Kindesalter beginnt, setzt sich im Laufe des Lebens fort und führt immer wieder zu Konflikten, Unrechtsempfinden und oftmals zu dem Versuch, den eigenen Machtbereich auszuweiten. Dieses Phänomen tritt nicht nur in Erscheinung, wenn hinter vorgehaltener Hand über den ungerechten Lehrer, die unfairen Eltern oder auf den gemeinen Chef geschimpft wird. Es wird auch immer dann deutlich, wenn sich Hierarchien ändern oder der vermeintlich «Stärkere» nicht vor Ort ist. Denn wenn die Katze aus dem Haus ist, tanzen die Mäuse bekanntlich auf dem Tisch, oder, wie man es in Nigeria ausdrückt: «Wenn das Krokodil nicht im Fluss ist, fangen die Frösche an zu spielen.»

Ist die Katze aus dem Haus, tanzen die Mäuse auf dem Tisch.
(Deutschland)

Ist der Leopard unterwegs, fangen die Affen an zu spielen.
(Nigeria)

Ist der Herr nicht daheim, hüpfen die Frösche herein. (Ghana)

Ist kein Tiger in den Bergen, will der Affe König werden.
(Indien)

Ist kein Bulle zugegen, schaut der Ochse nach den Kühen.
(Kenia)

Wenn das Krokodil nicht im Fluss ist,
fangen die Frösche an zu spielen. (Nigeria)

Wenn der Fuchs lahmt, kann der alte Hase wieder hüpfen.
(Nordamerika)

Wenn die Maus die Katze auslacht,
ist das Mauseloch nicht weit. (Nigeria)

Ratten tanzen nicht vor der Nase der Katze. (Ghana)

Wenn ein Hund einen Löwen sieht, hält er die Schnauze.
(Nigeria)

Für die Maus ist die Katze ein Löwe. (Albanien)

Wenn Elefanten streiten, leidet das Gras. (Kenia)

Wenn Haie kämpfen, leiden die Krebse. (Haiti)

Der Schwanz eines Kamels baumelt hoch über dem Boden.
(Nigeria)

Gäbe es keine Elefanten, wäre der Büffel ein großes Tier. (Ghana)

Wenn du nett zu Kindern bist, stecken sie dir
den Finger in den Po. (Kenia)

> Dieses kenianische Sprichwort hat, auch wenn es auf den
> ersten Blick für den einen oder anderen so aussehen mag,
> nichts mit pädophilen Neigungen oder exotischen Gesell-

schaftsspielen zu tun. Der Ausspruch stammt vom Stamm der Boran und bezieht sich auf die hierarchischen Unterschiede zwischen Mann, Frau und Kind. Bei den Boran ist der Mann das unangefochtene Familienoberhaupt. Wenn er diese Stellung nicht autoritär ausübt, sondern seine Frau oder seine Kinder zum Beispiel an der Entscheidungsfindung beteiligt, so büßt er einen Teil seiner Vormachtstellung ein. Das Sprichwort warnt den Mann vor dieser Entwicklung, die am Ende im übertragenen Sinne dazu führen kann, dass ihm die Kinder auf der Nase herumtanzen, bzw. wie man in Kenia sagt: den Finger in den Po stecken. Das Sprichwort existiert auch in einer Abwandlung, die ähnlich verwundert, wenn man nicht über die Hintergründe informiert ist: «Zeige deinen Kindern dein Fleisch, und sie zeigen dir den Eingang zu ihrem Po.» Mit «Fleisch» ist hier das Zahnfleisch gemeint, welches man beim Lächeln zeigt. Folglich warnt auch diese Variante davor, gegenüber Menschen einer niederen Hierarchie-Ebene zu freundlich zu sein.

Wenn der Panther wüsste, wie sehr er gefürchtet ist,
würde er weit mehr Unheil vollbringen. (Kamerun)

Sogar der Frosch würde beißen, wenn er denn Zähne hätte.
(Italien)

So mancher ist ein Löwe unter den Schafen
und ein Schaf unter den Löwen. (England)

Wer der Kuh nichts kann, schlägt das Kalb. (Saudi-Arabien)

Küsse die Hand, die du nicht beißen kannst. (Rumänien)

Wer sich im Schatten eines Größeren entfalten will,
dem wird schnell kalt. (Japan)

Wenn der Rhythmus der Trommel wechselt,
muss sich der Tanz anpassen. (Burkina Faso)

Sogar der Niger muss die Inseln umfließen. (Nigeria)

Ein Floh kann einem Löwen mehr Ärger bereiten
als ein Löwe einem Floh. (Kenia)

Der Kürbis wächst, und der Zaun hat den Ärger. (Marokko)

Die Katze stiehlt den Reis, doch dann kommt der Hund
und isst ihn. (China)

Das Kamel trägt Zuckerrohr und bekommt selbst
nur Dornen zu fressen. (Saudi-Arabien)

Der Esel schwitzt, damit das Pferd Spitze tragen kann. (Haiti)

Der Esel müht sich, und die Stute bekommt das Fressen. (Irak)

Die einen werden in der Sänfte getragen,
die anderen tragen sie. (Japan)

In seinem Loch ist der Käfer ein Sultan. (Ägypten)

Eine machtliebende Frau ist für ihren Ehemann
wie ein Ehemann. (Iran)

Die Kuh, die führt, bekommt die meisten Schläge. (Südafrika)
> Dieses Sprichwort aus Südafrika setzt sich mit den Nach-
> teilen der Führungsrolle auseinander. In Südafrika werden
> zum Pflügen der Felder traditionell vier oder sechs Kühe
> vor den Pflug gespannt. Um das Führen des Pfluges ein-
> facher zu machen, wird eine dieser Kühe als Führungstier
> ausgewählt und ganz vorn eingespannt. Hierdurch wird
> sichergestellt, dass der Pflug in die richtige Richtung und

im richtigen Tempo gezogen wird. Diese Hierarchie hat zur Folge, dass das Führungstier die größte Aufmerksamkeit der Bauern und damit verbunden auch die meisten Peitschenschläge erhält. Das Sprichwort der Zulu verdeutlicht, dass Führungskräfte für die Leistung des gesamten Teams verantwortlich sind und auch für die Fehler der anderen einstehen müssen.

GLÜCK
UND UNGLÜCK

Kann man es nun beeinflussen, oder kann man es nicht? In dem alten Sprichwort «Jeder ist seines eigenen Glückes Schmied» steckt viel Wahrheit, wobei das Wort «Glück» in diesem Fall oft mit dem Wort «Erfolg» gleichgesetzt wird. Wenn man sich bei der Interpretation des Begriffes mehr in Richtung Schicksal und Zufall orientiert, fallen die Möglichkeiten der eigenen Einflussnahme geringer aus. In diesem Fall sind sich die Sprichwörter einig: Wer das Glück hat, Glück zu haben, darf sich darüber freuen. Empfehlenswert ist hierbei allerdings, sich erst zu freuen, wenn das Glück vollendet ist, schließlich soll man den Tag nicht vor dem Abend loben, oder, wie man es in Schweden ausdrückt: «Man soll das Fell nicht verkaufen, bevor der Bär erlegt ist.»

Man soll den Tag nicht vor dem Abend loben. (Deutschland)

Man soll das Fell nicht verkaufen, bevor der Bär erlegt ist.
(Schweden)

Man soll die Hühner nicht zählen, bevor sie im Sack sind.
(Nigeria)

Man soll die Fische nicht zählen, bevor sie im Netz sind. (China)

Man soll die Küken nicht zählen, bevor sie aus dem Ei sind.
(Saudi-Arabien)

Glück ist wie ein Feld, welches sich jedes Jahr ernten lässt.
(Kenia)

Glück fühlt sich an wie Reis, der einem in den Mund fliegt.
(Japan)

Kummer ist wie ein Reislager:
Wenn jeden Tag ein Korb abgetragen wird,
kommt er irgendwann zum Versiegen. (Somalia)

Das Unglück des einen ist das Glück des anderen. (Ghana)

Wenn zwei sich streiten, freut sich der Dritte. (Deutschland)

Wenn sich zwei Hunde um einen Sack streiten,
kommt die Hyäne und schleppt ihn davon. (Saudi-Arabien)

Will man Salz verkaufen, regnet es –
will man Mehl verkaufen, so weht der Wind. (Japan)

Ein Butterbrot fällt immer auf die bestrichene Seite. (Israel)

Ein Tag voller Kummer dauert länger
als ein Monat voller Freude. (China)

Dicke Bohnen landen nur bei denen, die keine Zähne haben.
(Marokko)

Der dümmste Bauer hat die dicksten Kartoffeln. (Deutschland)

Nach Schwarz kommt keine Farbe mehr. (Iran)

Ein guter Tag für den Adler
ist ein schlechter Tag für das Huhn. (Nigeria)

Du kannst nicht verhindern, dass die Vögel der Traurigkeit
über deinem Kopf kreisen – aber du kannst verhindern,
dass sie in deinem Haar ein Nest bauen. (China)

Niemand zwingt den Esel dazu, Wasser zu trinken. (Sambia)
  Bei der Interpretation dieses Sprichworts aus Sambia hilft
  ein Blick auf den Umgang mit Eseln. Allgemein werden
  Esel als störrisch angesehen; immer wieder werden sie
  vom Menschen angetrieben, damit sie die Lasten für ihn
  transportieren. Oftmals zwingen die Menschen mit Stö-
  cken und Peitschen den Eseln ihren Willen auf; nur selten
  kümmert man sich um deren Wohlbefinden, und niemand
  würde einen Esel mit demselben Eifer zum Trinken zwingen, wie man ihn zum Tragen treibt. Der Esel, der nicht
  trinken mag, schadet sich am meisten selbst. Das Sprichwort ist daher ähnlich dem deutschen «Man kann niemanden zu seinem Glück zwingen» zu verstehen.

Das Glück ist ein Aal im Teich der Dummen. (Russland)

Nicht in jedem hohlen Zaunpfahl lässt sich
ein gestreiftes Eichhörnchen finden. (Kanada)

Für den glücklichen Mann
ist jedes Unkraut wie eine Blume,
für den unglücklichen Mann
sieht jede Blume wie Unkraut aus. (Finnland)

STÄRKE
UND SCHWÄCHE

Stark sein möchten (fast) alle, denn Stärke wird gemeinhin als positive Eigenschaft geschätzt. Das gilt für Menschen wie für Dinge: Autos zeichnen sich interessanterweise durch Pferdestärke aus, Kaugummis und Bonbons vertrauen gern auf die Stärke von Menthol, und Haushaltsreiniger werben mit ihrer Reinigungskraft. Wer stark ist, hat nicht nur Macht über die eigenen Schwächen, sondern auch über die Schwachen und fühlt sich oft sicher und überlegen. In Vietnam weiß man, dass diese Stärke bisweilen angeboren ist, und weist darauf hin, dass auch junge Elefanten schon echte Riesen sind. Ähnlich sieht es ein Sprichwort aus Somalia, das besagt, dass auch junge Leoparden Flecken haben und daher schon das ganze Potenzial eines ausgewachsenen Leoparden in sich tragen. Jedoch muss Stärke nicht immer von Dauer sein, und manchmal sind es gerade die Kleinen und vermeintlich Schwachen, die plötzlich ungeahnte Kräfte zeigen.

Auch junge Leoparden haben Flecken. (Somalia)

Auch ein junger Elefant ist schon ein Riese. (Vietnam)

Die Tränen, die an deiner Wange herabrollen,
machen dich nicht blind. (Togo)

Was uns nicht tötet, macht uns nur stärker. (Deutschland)

Ein Elefant stirbt nicht an einer gebrochenen Rippe. (Kenia)

Eine Krabbe, der ein Bein fehlt, kann immer noch laufen.
(Haiti)

Weidenzweige brechen nicht unter der Last des Schnees. (Japan)

Die einbeinige Grille beginnt bereits am Abend,
ihr Loch zu graben. (Nigeria)

> Dieses Sprichwort von der Volksgruppe der Idoma aus
> Zentralnigeria beschreibt den erhöhten Einsatz, den der
> Schwache aufbringen muss, um mit den Starken mithal-
> ten zu können. Grillen legen sich ein System von 30 bis 40
> Zentimeter langen Erdröhren an, vor denen sie ihr weithin
> hörbares Zirpen erzeugen. Ihr «Ruf» ist insbesondere in
> den ruhigen Abendstunden bis zu 50 Meter weit zu hören.
> Das Sprichwort ist zum einen als Situationsbeschreibung
> und zum anderen als Motivation zu verstehen, denn auch
> wenn einer Grille mehrere Beine fehlen, kann sie sich ihr
> Loch graben, sofern sie rechtzeitig damit anfängt.

Ein lahmender Krebs läuft geradeaus. (Afghanistan)

Wenn ein Elefant in Schwierigkeiten ist,
treten ihn sogar die Frösche. (Indien)

Bei Hochwasser essen die Fische Ameisen;
bei Niedrigwasser läuft es umgekehrt. (Thailand)

Egal, ob das Messer auf die Melone oder die Melone auf das
Messer fällt: Am Ende leidet immer die Melone. (Afrika)

Hunde lernen zu schwimmen, wenn ihnen
das Wasser bis zu den Ohren steht. (Ukraine)

Eine Ameise auf Reisen
leistet mehr als ein dösender Ochse.

(Mexiko)

Unter der Führung eines Löwen
kann eine Armee von Schafen
eine von einem Schaf geführte Armee
von Löwen besiegen. (Saudi-Arabien)

Das Gesetz ist wie ein Spinnennetz –
die großen Fliegen durchbrechen es,
während die kleinen Fliegen hängen bleiben. (Ungarn)

Den Wind kümmert nicht die Müdigkeit des Baumes. (Japan)

SCHEIN UND SEIN

Äußere Reize oder innere Werte – was wirklich zählt, ist manchmal schwer zu sagen. Fest steht, dass das Aussehen in vielen Situationen eine Rolle spielt. Das gilt beim Ausgucken des Lebenspartners genauso wie bei der Kleidung im Beruf: Ein Chirurg im Holzfällerhemd wirkt ähnlich befremdlich wie ein Finanzberater in kurzen Hosen. Gerade bei der ersten Begegnung, wenn man über sein Gegenüber noch nicht viel weiß, spielen Äußerlichkeiten eine wichtige Rolle, da sie helfen, den Gesprächspartner einzuordnen. Dass man mit seiner Einschätzung bzw. mit dem ersten Eindruck nicht immer richtigliegen muss, liegt auf der Hand und bietet bestes Material für unzählige Sprichwörter. Viele warnen davor, sich allzu sehr vom äußeren Erscheinungsbild leiten zu lassen, und weisen darauf hin, dass nicht alles so ist, wie es auf den ersten Blick aussehen mag. Dieses gilt für Menschen wie für Dinge und ist heute im Zeitalter von Werbung und Marketing genauso aktuell wie vor Hunderten von Jahren.

Kleider machen Leute. (Deutschland)

Neue Kleider haben keine Läuse. (Namibia)

Das Kleid macht nicht den Mönch. (Frankreich)

Eine Schwalbe macht noch keinen Sommer. (Deutschland)

Ein Stück Holz macht noch keine Brücke. (Kenia)

Ein Baum macht noch keinen Wald. (Nigeria)

Ein Stein macht noch keinen Flur. (Kamerun)

Schöne Federn schmücken schöne Vögel. (England)

Es ist nicht alles Gold, was glänzt. (Deutschland)

Der Wolf wechselt sein Fell, doch die Haut bleibt die gleiche.
(Albanien)

Auch wenn der Papagei gut spricht, bleibt er doch ein Vogel.
(Japan)

Auch wenn eine Ziege abgewetzte Knie hat,
heißt das nicht, dass sie weiß, wie man betet. (Haiti)

Auch wenn der Affe Seide trägt, bleibt er ein Affe. (Spanien)

Ein Esel ist ein Esel, auch wenn er Sprünge
wie eine Gazelle macht. (Saudi-Arabien)

Wenn man den Kopf versteckt,
kommt der Hintern ans Licht. (Japan)

Bewerte das Pferd nicht nach seinem Sattel. (China)

Ein Mann mit roter Nase muss kein Trinker sein,
doch wird er niemanden finden, der ihm das glaubt. (China)

Nicht alle, die schnarchen, schlafen auch. (Dänemark)

Die, die immer nett sind, sind nicht immer nett. (Polen)

Schmücke die Artikel, die du loswerden möchtest,
mit Blumen. (Japan)

Hunde, die bellen, beißen nicht. (Deutschland)

Es ist ein armer Vogel, der sich mit fremden Federn schmückt.
(Finnland)

Der Schatten verleiht Ansehen. (Japan)

Dieses japanische Sprichwort wird zumeist in einer Situation angewendet, in der sich jemand größer macht, als er ist, bzw. seine Macht und Stärke nur vortäuscht. Der Ursprung dieses Sprichworts geht auf eine Fabel zurück, in der ein Tiger einen Fuchs gefangen hatte. Der schlaue Fuchs, der nicht gefressen werden wollte, erzählte dem Tiger, dass die Götter ihn, den Fuchs, zum König der Tiere gemacht hätten – wer einen Fuchs verspeisen würde, würde den Zorn der Götter auf sich ziehen! Um den Tiger von seiner Theorie zu überzeugen, sagte der Fuchs, dass alle Tiere aus Angst und Ehrfurcht vor ihm fliehen würden, der Tiger könne sich davon gern überzeugen, indem er ihm folge. Der Tiger ließ es auf einen Versuch ankommen, und als die anderen Tiere den Tiger sahen, flohen sie, so schnell sie konnten. Der Tiger fiel auf die List des Fuchses herein und bemerkte nicht, dass die Tiere nicht aus Angst vor dem Fuchs, sondern aus Angst vor ihm selbst davonliefen. Aus Ehrfurcht vor dem Fuchs ließ er diesen frei und legte damit den Grundstein für das Sprichwort «Der Schatten verleiht Ansehen».

Der Hund wedelt mit seinem Schwanz nicht für dich,
sondern für sein Essen. (Portugal)

Eine Krähe laust den Büffel nicht, um ihn zu säubern,
sondern um satt zu werden. (Ungarn)

Glaube nicht, im Wasser seien keine Krokodile,
nur weil du keine Wellen siehst. (Malaysia)

Viele küssen das Kind um der Mutter willen. (England)

Manche Dinge ähneln sich und sind doch grundverschieden. Andere Dinge wiederum weisen optisch beachtliche Unterschiede auf, sind in ihrer Wirkung aber recht ähnlich. Viele Sprichwörter widmen sich der Gleichheit des Menschen vor der Natur, vor Gott oder vor dem Zufall, während andere die Unterschiede hervorheben. Nicht selten kommt es auch auf die Perspektive des Betrachters an, denn wie heißt es so schön auf Plattdeutsch: «Wat dem eenen sin Uhl is, dat is dem annern sin Nachtigall» (Was dem einen seine Eule, ist dem anderen seine Nachtigall).

Wenn Gefühle wie Neid und Missgunst in die Betrachtung mit einfließen, kann es passieren, dass einem die Nachtigall des anderen mitunter schöner vorkommt als die eigene bzw. die Äpfel des Nachbarn süßer scheinen als die eigenen. In solchen Fällen helfen Sprichwörter, in denen die Unterschiede klar herausgearbeitet werden und Verwechslungen somit ausgeschlossen werden können.

Auch wenn eine Biene einen gestreiften Rücken hat,
so ist sie doch kein Tiger. (China)

Auch wenn die Schlange in ein Bambusrohr kriecht,
kann sie ihre krumme Gestalt nicht dauerhaft verbergen.
(Japan)

Der Hase hat große Ohren wie der Esel
und ist dennoch nicht der Sohn des Esels. (Kongo)

Eine Sandale ist kein Schuh, und eine Mütze ist kein Turban.
(Afghanistan)

Eine Fledermaus ist kein Vogel. (Namibia)

Wenn man einen Pflaumenbaum pflanzt,
wächst kein Pfirsichbaum. (Japan)

Nicht jeder, der Lanzen schleudert, trifft den Feind,
und nicht jeder, der einen großen Turban trägt,
ist ein angesehener Mann. (Saudi-Arabien)

Die Lippen eines Esels passen nicht auf einen Pferdemund.
(China)

Wat dem eenen sin Uhl is, dat is dem annern sin Nachtigall –
was dem einen seine Eule, ist dem anderen seine Nachtigall.
(Deutschland)

Was dem einen sein Fleisch, schmeckt dem anderen wie Gift.
(Nigeria)

Bei Kerzenschein betrachtet
sieht die Ziege aus wie eine Dame. (Frankreich)

Des Nachbars Henne sieht aus wie eine Gans,
und seine Frau wirkt jung wie ein Mädchen. (Kurdistan)

Aus der Ferne gibt die Kuh viel Milch. (Frankreich)

Die Äpfel des Nachbarn sind stets süßer als die eigenen. (Israel)

WEISHEIT
UND DUMMHEIT

Ohne Weisheit gäbe es keine Sprichwörter, sagen die einen. Die anderen behaupten, es sei genau andersherum. Egal, wer recht hat – fest steht, dass in den Sprichwörtern jede Menge Weisheit und Erfahrung steckt. Und da es der ursprünglichen Idee des Sprichworts entspricht, Erfahrungen, Werte und Ratschläge weiterzugeben, stellen die Themenpaare Weisheit und Dummheit bzw. Wissen und Unwissen traditionell ein zentrales Element in der Welt der Sprichwörter dar. Oftmals geht es darum, aus Fehlern zu lernen und das eigene Wissen zu erweitern. So sagt man zum Beispiel in Ghana: «Dumm ist, wer seine Schafe zweimal davonlaufen lässt.» In Saudi-Arabien erkennt man den Dummen daran, dass er seinem Elefanten das Wasser mit einem Löffel gibt, wohingegen in Indien die Dummen mitunter dadurch ihr Wesen zeigen, dass sie im Otterbau nach Fisch suchen. Den weisen Menschen zu erkennen, ist dagegen nicht ganz so einfach, und zu Recht warnt man in Armenien mit einem Blick auf die Ziegen davor, Bärte stets mit Weisheit gleichzusetzen.

Des weisen Mannes Herz ruht still wie klares Wasser. (Uganda)

Auch wenn das Nilpferd keinen Stachel hat,
setzt sich der weise Mann lieber auf eine Biene. (Polen)

Die Giraffe ist weise: Sie macht keinen Lärm
und kann weit sehen. (Tansania)

Die Schildkröte ist am schlauesten:
Sie trägt ihr Haus stets bei sich. (Mali)

Die weise Frau heiratet den Mann, der sie liebt,
und nicht den Mann, den sie liebt. (Kroatien)

Wo viel Brust ist, ist wenig Gehirn. (Somalia)

Nur ein Messer weiß, wie es im Inneren
des Coco-Yams aussieht. (Elfenbeinküste)

> Dieses Sprichwort von der Elfenbeinküste weist darauf
> hin, dass sich die Dinge nicht immer durch ihr Äußeres
> erklären. Coco-Yams ist eine Speisepflanze, deren stärke-
> haltige Knollenfrüchte bis zu 4 Kilogramm schwer werden
> können und optisch ein wenig an übergroße Sellerieknol-
> len erinnern. Das Sprichwort besagt, dass man Weisheit
> nicht allein durch einfaches Anschauen erlangt. Vielmehr
> ist es nötig, die Dinge genau zu untersuchen, um ihrer in-
> neren Wahrheit auf den Grund zu kommen.

Für den Unwissenden ist ein kleiner Garten wie ein Wald.
(Äthiopien)

Ein Frosch unter einer Kokosnussschale
glaubt die Welt zu kennen. (Malaysia)

Das Stinktier weiß nicht, dass es stinkt. (Südafrika)

Nur der Dumme testet die Tiefe des Wassers
mit beiden Füßen. (Namibia)

Der Dumme tränkt den Elefanten mit einem Löffel.
(Saudi-Arabien)

Dumm ist, wer seine Schafe zweimal davonlaufen lässt.
(Ghana)

Dumm ist, wer auf einen anderen Dummen hört.
(Spanien)

Der Dumme sucht auch dort nach Dung,
wo niemals Kühe gegrast haben. (Äthiopien)

Der Dumme lernt aus seinen Fehlern,
der Kluge aus den Fehlern der anderen. (China)

Ein Kamel springt eher über einen Bach,
als dass ein Dummer seinen Verstand benutzt. (Türkei)

Einem Dummen einen Rat zu geben ist,
als ob man einem Eichhörnchen Salz gibt. (Pakistan)

Es ist nutzlos, den Fisch von gestern
im Otterbau zu suchen. (Indien)

Man kann einem Krebs nicht beibringen,
geradeaus zu laufen. (Griechenland)

Guter Rat ist wie Schnee: Je leiser er fällt,
desto länger bleibt er liegen. (Finnland)

Lehrer öffnen Türen – das Eintreten
müssen die Schüler selbst übernehmen. (China)

Wenn der Kopf nicht mitdenkt, müssen die Beine leiden.
(Rumänien)

Heute ist es einfach,
die weise Entscheidung zu treffen,
die man gestern gebraucht hätte. (Russland)

Der Weise wird nicht satt an schönen Sprüchen.
(Saudi-Arabien)

Würden Bärte für Weisheit stehen,
wären alle Ziegen Propheten. (Armenien)

QUANTITÄT
UND QUALITÄT

Ein guter Rat ist teuer, denn Qualität hat ihren Preis. Für den Preis eines guten Rates könnte man wahrscheinlich auch viele Ratschläge minderer Qualität bekommen. Die helfen dann zwar nur bedingt weiter, dafür hat man aber viele zur Auswahl. Wir Menschen hätten oftmals am liebsten beides, nämlich ganz viel vom Allerbesten. Da sich diese beiden Ziele aber zumeist gegenseitig ausschließen, gilt es immer wieder, zwischen Qualität und Quantität abzuwägen. Doch wo Entscheidungen gefragt sind, da lauern Fehler – und wer könnte uns besser vor diesen bewahren als Sprichwörter? Sie veranschaulichen, dass wenig manchmal besser ist als viel, dass Kleines eine große Wirkung haben kann und dass einige Dinge einfach ihre Grenzen haben.

Pfefferkörner sind klein, aber scharf. (Ungarn)

Auch ein kleiner Stern leuchtet im Dunkeln. (Finnland)

Auch kleine Mäuse graben Gruben. (Nigeria)

Ein kleines Nest ist wärmer als ein großes. (Irland)

Für Frauen, das Böse und für Gurken gilt:
je kleiner, desto besser. (Ungarn)

Ein gutes Pferd hat keine Farbe. (Island)
> Dieses isländische Sprichwort beschäftigt sich mit dem Unterschied von inneren und äußeren Werten. Die Islän-

der haben im Laufe der Geschichte eine enge und zum Teil mystische Beziehung zu ihren Pferden aufgebaut. Die Islandpferde sind bekannt für ihre robuste und widerstandsfähige Natur, die sie im Laufe von mehreren Jahrhunderten in Reinzucht in der rauen Natur von Island entwickelt haben. Gleichzeitig zeichnen sich die Pferde durch eine Vielfalt an Fellfarben aus, die in allerlei Mischungen für unterschiedlichstes Aussehen sorgen. Mit dem Sprichwort «Ein gutes Pferd hat keine Farbe» stellen die Isländer die Eigenschaften wie Gang, Bau und Charakter vor die äußerliche Schönheit und heben damit die innere Qualität ihrer Pferde hervor.

Glühwürmchen sind keine Laternen. (Italien)

Kleine Termiten bringen das Dach zum Einsturz. (Äthiopien)

Eine Ameise kann einen Damm zum Einbrechen bringen.
(China)

Je kleiner der Türspalt, desto schneidender ist der Zugwind.
(Japan)

Einer kann einen Elefanten essen,
ohne dass der Magen schmerzt,
und ein anderer isst einen kleinen Fisch
und erstickt an einer Gräte. (Kongo)

Eine Kokosnuss-Schale voll Wasser
ist für die Ameise wie ein Meer. (Tansania)

Für eine Ameise sind schon wenige Regentropfen eine Flut.
(Japan)

Auch ein einzelner Tropfen lässt das Meer wachsen. (Russland)

Die größte Hilfe ist eine Hilfe,
und sogar die kleinste Hilfe ist eine Hilfe. (Irland)

Ein Vogel kann viel trinken, doch der Elefant trinkt mehr.
(Senegal)

Viele Affen brauchen viel Stroh. (Spanien)

Viele Tropfen ergeben eine Pfütze. (Niederlande)

Eine Fliege kann Pferde vertreiben. (Griechenland)

Auch wenn Hühner sich nicht waschen,
so können sie doch weiße Eier legen. (Sierra Leone)

Aus Staubkörnern kann ein Berg werden. (Japan)

Frösche mögen Wasser, jedoch kein kochendes. (Senegal)

Lieber von einem großen Krokodil gefressen werden,
als von kleinen Fischen in Stücke geknabbert zu werden.
(Malaysia)

Lieber soll mich ein Löwe fressen,
als dass mich Hyänen auseinanderrupfen. (Saudi-Arabien)

Wenn Ratten den Palast befallen,
ist eine lahme Katze wertvoller als das schnellste Pferd.
(China)

Ein Kuss ohne Bart ist wie ein Ei ohne Salz. (Ungarn)

Lange Würstchen und
kurze Predigten sind gut. (Ungarn)

Gute Essenz kommt in kleinen Gläsern – genau wie Gift. (Kuba)

Auch wenn eine Rasierklinge schärfer ist als eine Axt,
kann man mit ihr keine Bäume fällen. (Nigeria)

Bodensatz findet sich auch in der Flasche des besten Weins.
(Frankreich)

Sogar auf der Sonne sind Flecken. (Ungarn)

Eine dicke Frau ist wie ein warmer Mantel für den Winter.
(Indien)

FLEISS
UND FAULHEIT

Wer fleißig ist, kann es im Leben zu etwas bringen. Mit Hinweisen wie diesem werden wir schon im frühen Kindesalter zum Fleißigsein motiviert, denn vielerorts ist derjenige gut angesehen, der es in seinem Leben zu etwas bringt. Als Erfolgsfaktoren gelten gemeinhin Fleiß, Motivation und frühes Aufstehen – nicht ohne Grund sagt man, dass der frühe Vogel den Wurm fängt bzw. das Wieselmännchen bereits am frühen Morgen jagt (Kenia). Doch nicht immer motivieren die Sprichwörter den Frühaufsteher mit Anreizen und Lob; manchmal zeigen sie auch die Gefahren auf, die dem Langschläfer drohen. An der spanischen Küste ist schon so manche schlafende Garnele von der Strömung hinfortgetragen worden, und auch die Dänen wissen, dass für faule Schweine der Boden stets gefroren ist.

Wichtig ist in Bezug auf Fleiß und Faulheit auch die Erkenntnis, dass Reden nicht gleich Handeln ist, oder, wie man es in China ausdrückt: «Vom Reden wird der Reis nicht gar.» Ob das fleißorientierte Lebensmodell mehr taugt als das faule, soll an dieser Stelle nicht erörtert werden; nur so viel darf gesagt werden: Am Ende muss ein jeder für sich selbst entscheiden, wie weit er seinen inneren Schweinehund treiben kann, bzw. wie man in Nordamerika sagt: «Am Ende muss jeder seinem eigenen Stinktier das Fell abziehen.»

Der frühe Vogel fängt den Wurm. (Deutschland)

Wer morgens früh aufsteht, isst Brustfleisch. (Costa Rica)

Morgenstund hat Gold im Mund. (Deutschland)

Das Wieselmännchen jagt am frühen Morgen. (Kenia)

Frühes Aufstehen verkürzt den Weg. (Senegal)

Was du heute kannst besorgen, verschiebe nicht auf morgen.
(Deutschland)

Schwarze Ziegen müssen eingefangen werden,
bevor es dunkel wird. (Nigeria)

> Dieses nigerianische Sprichwort ist ähnlich dem deutschen «Was du heute kannst besorgen, verschiebe nicht auf morgen» zu verstehen. Die schwarze Ziege wird in dieser Redewendung als Sinnbild für ein Problem verwendet. Je länger man mit dem Einfangen, sprich mit der Lösung des Problems, wartet, desto schwieriger wird dieses Unterfangen werden. Im schlimmsten Fall schiebt man es so lange auf, bis es zu spät ist bzw. bis man die schwarzen Ziegen in der Dunkelheit der Nacht nicht mehr sehen und dadurch nicht mehr einfangen kann.

Erst die Arbeit, dann das Vergnügen. (Deutschland)

Eine Garnele, die schläft, wird vom Strom davongetragen.
(Spanien)

Ohne Fleiß kein Preis. (Deutschland)

Ohne gelegentliches Bücken
lässt die Welt dich nicht hochkommen. (Japan)

Wer Ziegen möchte, muss dafür arbeiten. (Kenia)

Für faule Schweine ist der Boden stets gefroren. (Dänemark)

Wer zuerst kommt, mahlt zuerst. (Deutschland)

Wer zuerst kommt, trinkt sauberes Wasser. (Nigeria)

Jeder muss seinem eigenen Stinktier das Fell abziehen. (USA)

Stehe nicht am Wasser und wünsche dir Fisch;
gehe nach Hause und knüpfe ein Netz. (China)

Viel Reden macht den Bauch nicht voll. (Deutschland)

Über Honig zu sprechen, lässt dich keine Süße schmecken.
(Aserbaidschan)

Vom Reden wird der Reis nicht gar. (China)

Worte mahlen kein Mehl. (Italien)

Von schönen Worten kommt keine Butter auf den Kohl.
(Serbien)

Viele Worte lassen den Korb nicht voll werden. (Nigeria)

Ein Vogel, der singt, baut kein Nest. (Kamerun)

Während das Schaf blökt, fällt ihm das Gras aus dem Mund.
(Belgien)

Eine Frucht zu sehen und eine Frucht zu essen,
ist nicht das Gleiche. (Kenia)

Eine laute Kuh gibt wenig Milch. (Polen)

Der faule Ochse trinkt dreckiges Wasser. (Kolumbien)

Langes Fädchen, faules Mädchen. (Deutschland)

Für eine Frau ohne Baby gibt es keinen Grund,
sich hinzusetzen. (Irland)

Die Faulheit bewegt sich so langsam,
dass die Armut sie überholt. (Niederlande)

Wenn du nackt bist, ist es überall kalt;
wenn du faul bist, ist es überall schwer. (Lettland)

Schaue auf dich selbst, nicht auf die Sonne,
wenn dein Garten nicht blüht. (China)

Interessanterweise gibt es kaum Sprichwörter, die eine faule Lebenseinstellung anpreisen. Lediglich lustige Umwandlungen, Gegenvarianten oder Ergänzungen zu bekannten Sprichwörtern weisen darauf hin, dass auch Ausschlafen oder Faulsein von Vorteil sein kann. So gibt es für das Sprichwort «Der frühe Vogel fängt den Wurm» den Zusatz «doch gilt dieses nicht für den Wurm». Durch die Ergänzung wird die Aussage des Sprichworts umgekehrt, zeigt sie doch, dass sich der lang schlafende Wurm durchaus im Vorteil gegenüber dem Frühaufsteher-Wurm befindet. Denn dieser wird mit hoher Wahrscheinlichkeit von einem motivierten und fleißigen Frühaufsteher-Vogel gefressen. Allerdings kann man für den Spätaufsteher-Wurm nur hoffen, dass er nicht einem Langschläfer-Vogel begegnet, welcher ihn am Ende doch noch erwischt.

Entspanne dich wie eine Banane. (Südafrika)

REICHTUM
UND ARMUT

Viele haben zu wenig, einige haben genug, und wenige haben zu viel – die Verteilung des Reichtums unter den Menschen ist ein altes Thema, welches nahezu täglich von der Politik diskutiert wird. Da wundert es nicht, dass mit Ausnahme weniger Ur-Völker, denen Geld und Besitz auch heute noch weitestgehend unbekannt sind, der Sprachschatz aller Kulturen Sprichwörter zu Reichtum und Armut enthält. Viele zeugen davon, dass man in Not oder Armut mit wenigen und schlechten Mitteln auskommen muss. Denn in der Not isst der Teufel bekanntlich Fliegen, oder, wie man in Frankreich sagt: «Ein hungriger Hund isst auch schmutzigen Pudding.» Wer mit Wohlstand gesegnet ist, darf sich hingegen über sauberen Pudding freuen, muss aber gleichzeitig anderen Herausforderungen gewachsen sein. Denn der Reiche ist nicht immer angesehen, und viele Sprichwörter verknüpfen Reichtum mit schlechtem Benehmen oder schlechtem Charakter.

In der Not isst der Teufel Fliegen. (Deutschland)

Der Hungrige isst sogar Heuschreckenbeine. (Saudi-Arabien)

Ein hungriger Hund isst auch schmutzigen Pudding. (Frankreich)

In der Steppe isst sogar ein Käfer Fleisch. (Russland)

Wenn er hungrig ist, isst der Affe Pfeffer. (Haiti)

In der Not isst die Raupe Tabak. (Haiti)

> Dieses Sprichwort ist als ironische Variante der Aussage zu verstehen, dass Tiere bzw. Menschen in der Not Minderwertiges essen (müssen). Es ist überliefert, dass in Haiti bereits zu Kolonialzeiten ganze Tabakernten von Raupen vernichtet wurden und dass Raupen die Tabakpflanze als Nahrungsquelle schon damals sehr schätzten. Eine Legende besagt, dass das Sprichwort von Sklaven verbreitet wurde, die unter schlechten Lebensbedingungen zu leiden hatten und beobachteten, wie den Kolonialherren durch den Raupenbefall wirtschaftlicher Schaden entstand.

Wenn du keinen Fisch fängst, musst du Brot essen. (Ghana)

Wer die Fliege in der Suppe sucht, ist satt. (Südafrika)

Wenn es Suppe regnet, fehlt dem armen Mann der Löffel.
(Schweden)

Tausend Diebe berauben keinen Nackten. (Saudi-Arabien)

Einem nackten Mann kann man nicht in die Tasche greifen.
(Deutschland)

Armut ist wie ein Löwe – kämpfst du nicht,
wirst du gefressen. (Tansania)

Ein armer Mann ohne Schulden ist nicht arm. (Kenia)

Schulden sind wie Kinder: Je kleiner sie sind,
desto lauter schreien sie. (Spanien)

Schulden sind wie Fußstapfen von einem Nilpferd. (Nigeria)

Der Wald ist der Pelzmantel
des armen Mannes. (Estland)

Wenn ein Floh Geld hätte, würde er sich
seinen eigenen Hund kaufen. (Jamaika)

Warme Temperaturen lassen keinen Wohlstand entstehen,
das kann nur die Kälte. (Kenia)

Wenn der Reis Früchte trägt,
senkt sich sein Haupt –
wenn der Mensch zu Reichtum kommt,
hebt er sein Haupt. (Japan)

Der arme und der reiche Mann spielen nicht zusammen. (Ghana)

Sprich mit einem Reichen nicht über Armut! (Japan)

Für einen Reichen ist ein Verlust
wie für ein Kamel ein Zwicken im Hintern. (Saudi-Arabien)

Der Reiche ist wie ein Aschenbecher:
Je voller er wird, desto schmutziger wird er. (Japan)

Wenn ein Mann wohlhabend ist,
kann er alte Kleidung tragen. (Ghana)

Wer zu viel besitzt, bleibt unglücklich. (Zentralafrika)

Wenn du reich bist, wirst du gehasst;
wenn du arm bist, wirst du verachtet. (Ghana)

Viele Schätze, viele Motten. (Estland)

Auch wenn man einen Frosch auf einen goldenen Stuhl setzt,
so springt er am Ende doch zurück in den Tümpel. (Niederlande)

Derjenige, der sich mit Perlen schmückt, weiß nicht,
wie oft der Hai den Taucher gebissen hat. (Äthiopien)

Arbeiter schwitzen in der Sonne,
und die Restaurantgäste sitzen im Schatten. (Nigeria)

Der Dumme und seine Habe sind schnell getrennt;
der Weise und seine Armut bleiben auf ewig vereint. (Russland)

Geld stinkt nicht. (aus dem Lateinischen)

Wer für Geld arbeitet, braucht sich nicht zu schämen. (Ghana)

Besser Menschenkot auf dem Kopf tragen
als anderer bedürfen. (Jemen)

> In vielen Wüstenländern wird Kot, insbesondere Kamel-
> kot, als Brennstoff genutzt. Der Kot wird in der Sonne zum
> Trocknen ausgelegt, hinterher eingesammelt und in Kisten
> auf dem Kopf transportiert. Das Sprichwort «Besser Men-
> schenkot auf dem Kopf tragen als anderer bedürfen» be-
> sagt, dass jede Arbeit, egal, wie einfach oder schmutzig sie
> auch sein mag, besser ist, als auf die Unterstützung anderer
> angewiesen zu sein.

Geld ist schärfer als ein Schwert. (Ghana)

Geld ist wie Wasser in einem anschwellenden Fluss:
Es fließt davon. (Ghana)

Wer den Pfennig nicht ehrt, ist des Talers nicht wert.
(Deutschland)

Kupfergeld bringt rostige Liebe. (Russland)

Wer Palmnüsse hat, sollte ein paar davon
an die Rohrratten abgeben, da diese nicht
auf Palmen klettern können. (Nigeria)

Frauen können Not, nicht aber Wohlstand teilen. (China)

ERFOLG
UND SEIN PREIS

Von nichts kommt nichts», sagt der Volksmund. Wer etwas erreichen möchte, muss etwas dafür tun und auch bereit sein, die unschönen Seiten der Arbeit in Kauf zu nehmen. So weist zum Beispiel ein bulgarisches Sprichwort darauf hin, dass man beim Angeln schon mal eine nasse Hose in Kauf nehmen muss, um am Ende einen leckeren Fisch auf dem Teller zu haben. Manchmal müssen auch Dinge zerstört werden, damit etwas erschaffen werden kann, und so sagt etwa ein englisches Sprichwort, dass man zunächst jede Menge Eier kaputt machen muss, um hinterher ein leckeres Omelett zu haben. Schwierig wird das Thema, wenn der Einsatz steigt und über ein Paar nasse Hosen oder ein paar zerschlagene Eier hinausgeht. Sowohl moralisch als auch wirtschaftlich gilt es dann abzuwägen, ob die Mittel den Zweck rechtfertigen und ob man mit den Konsequenzen seines Handelns leben kann.

Wo gehobelt wird, da fallen Späne. (Deutschland)

Wo Zucker ist, da sind auch Ameisen. (Malaysia)

Wo Eisen ist, da ist auch Rost. (Portugal)

Es gibt keine Regensaison ohne Mücken. (Südafrika)

Wer in die Mühle geht, macht sich mehlig. (Serbien)

Wer mit dem Schmied umgeht,
auf den fliegen Funken. (Saudi-Arabien)

Man kann kein Omelett machen,
ohne vorher die Eier zu zerbrechen. (England)

Wer Eier möchte, muss das Gackern
der Hennen ertragen können. (Griechenland)

Wer Mitleid mit einem Lamm hat,
kann keinen Kebab essen. (Aserbaidschan)

Ohne Fleiß kein Preis. (Deutschland)

Trockene Hosen fangen keine Fische. (Bulgarien)

Wer den Kern essen will,
muss die Nuss knacken. (Deutschland)

Katzen lieben Fisch, doch sie haben Angst,
sich die Pfoten nass zu machen. (China)

Es gibt keinen Acker ohne Steine
und kein Fleisch ohne Knochen. (England)

Niemand kann Ski fahren,
ohne Spuren zu hinterlassen. (Finnland)

Wer einen Baum erklettert, muss denselben Baum
wieder herabsteigen. (Sierra Leone)

Was du in deine Pilaf-Mahlzeit kochst,
hast du später auf deinem Löffel. (Aserbaidschan)

Wo nichts ist, geht nichts verloren. (Deutschland)

Wenn der Fisch nicht beißt, spart man den Köder.
(Finnland)

MUT UND RISIKO

Soll ich, oder soll ich nicht? Immer wieder entstehen im Leben Situationen, in denen es gilt, Entscheidungen zu treffen, ohne dass der Ausgang vorhersehbar ist. Mut wird nicht immer belohnt, jedoch müssen manchmal auch Risiken in Kauf genommen werden, um zum Erfolg zu gelangen. «Frisch gewagt ist halb gewonnen» – das klingt zunächst einmal durchaus einleuchtend und motivierend. Allerdings hat dieser Spruch wie alle Medaillen zwei Seiten und bedeutet gleichzeitig, dass frisch gewagt auch schon halb verloren sein kann. Die Lage ist nicht einfach, und da überrascht es nicht, dass sich durchaus widersprüchliche Erfahrungen in den Sprichwörtern zum Themenpaar «Mut und Risiko» widerspiegeln.

Frisch gewagt ist halb gewonnen. (Deutschland)

Der Mutige stirbt einen Tod,
der Feigling stirbt Tausende. (Somalia)

Wer nicht wagt, der nicht gewinnt. (Deutschland)

Wer Rehe jagt, stößt manchmal auf Tiger. (Indien)

Wer ins Loch greift, wird von der Schlange gebissen.
(Nigeria)

Wenn es klappt, wird's Joghurt; wenn nicht, wird's Ayran.
(Aserbaidschan)

Neugeborene Kälber fürchten keine Tiger. (China)

Je tiefer man fliegt, desto weniger schmerzvoll
ist der Absturz. (China)

Wer zu Hause die Pfannen ausleckt,
wird nicht in der Schlacht getötet. (Tschechien)

Vorsicht hat nichts mit Feigheit zu tun;
sogar Flöhe sind bewaffnet. (Ukraine)

Ein Ei auf einem Brot ist eine glitschige Angelegenheit.
(Schottland)

Zu großer Mut ist kein Mut. (Japan)

Wenn ein Mann gegessen hat, wird er schüchtern. (Somalia)

Wer nicht in die Höhle des Tigers gehen will,
kann kein Tigerjunges fangen. (Japan)

Über Stiere zu reden ist nicht dasselbe,
wie in der Stierkampfarena zu sein. (Spanien)

VORSICHT
UND NACHSICHT

Vorsicht ist bekanntlich die Mutter der Porzellankiste. Schon Kleinkinder werden mit «voooorsichtig» und «laaaangsam» an die gefährlichen Dinge im Elternhaushalt herangeführt. Als Erwachsene haben wir vieles gelernt, verbrennen uns nur noch selten die Hände am Herd und halten uns mit Stricknadeln und Co. von Steckdosen fern. Doch Gefahren lauern nicht nur im Haushalt, und daher kann man dankbar sein über die Vielzahl an Sprichwörtern, die uns helfen, den Tücken des Alltags gut gewappnet zu begegnen. So führt der tschechische Spruch «Beim Kauf von Ehefrauen und Melonen besteht immer eine Gefahr» dem Einkaufenden die Herausforderungen auf dem Marktplatz vor Augen. Und falls man auf dem Weg zum Einkaufen mal in die Verlegenheit kommen sollte, kämpfenden Nilpferden zu begegnen, ist der Tipp aus Uganda sicherlich sehr hilfreich, in diesem Fall die Paddel besser nicht ins Wasser zu halten.

Wer Honig stiehlt,
sollte sich vor Stacheln in Acht nehmen. (China)

Wenn zwei Nilpferde streiten, sollte man nicht
das Paddel ins Wasser halten. (Uganda)

Wer sich vor Kranichen fürchtet,
sollte keine Bohnen säen. (Malta)

Wer seinen Mais zum Trocknen in die Sonne legt,
behält die Hühner im Auge. (Haiti)

Zeige der Raupe keine Blätter. (Kongo)

Eine Frau hat Zähne, und ihr Biss ist gefährlich. (Frankreich)

Mädchen und Schlangen töten mit ihrem Mund. (Somalia)

Eine Schwägerin ist ein giftiger Skorpion. (Saudi-Arabien)

Je stiller der Fluss, desto gefährlicher. (Nigeria)

Nimm zum Verriegeln der Türe keine gekochte Karotte. (Irland)

Wer den Hund nicht füttert, füttert den Dieb. (Estland)

Wer mit dem Unterhalt für die Katze geizt,
dem frisst die Maus die Ohren ab. (Ägypten)

Beim Kauf von Ehefrauen und Melonen
besteht immer eine Gefahr. (Tschechien)

Wer vor einer Mücke davonläuft,
wird ihren Stich umso stärker spüren. (Slowenien)

Wer gefallen ist, fürchtet die Höhe. (Japan)

Wer sich einmal an Milch die Zunge verbrannt hat,
pustet zum Kühlen sogar auf Joghurt. (Aserbaidschan)

Wer einmal von einer Schlange gebissen wurde,
fürchtet sich sogar vor dem Lurch. (Uganda)

Säe keine Erdnüsse aus,
wenn ein Affe zuschaut. (Nigeria)

Wenn der Vater von einem Rotbüffel getötet wurde,
fürchtet der Sohn bereits den roten Termitenhügel. (Kongo)

Wer rotes Öl trägt, bewegt sich vorsichtig. (Nigeria)

Wer ein Ei in der Tasche hat, tanzt nicht. (Gabun)

Wer Butter auf dem Kopf hat, sollte die Sonne meiden. (Ungarn)

Niemand weiß, wo sich der Skorpion versteckt. (Nigeria)

Die Hyäne geht nicht mit der Ziege auf Wanderschaft.
(Kamerun)

Dieses Sprichwort warnt vor gefährlichen Bekanntschaf-
ten. Die Hyäne gilt allgemein als hässliches, gefährliches
und vor allem hinterlistiges Tier. Das Sprichwort von der
Volksgruppe der Tiv warnt davor, sich mit hinterlistigen
Menschen und Dieben einzulassen und mit diesen Zeit zu
verbringen. Denn auch wenn man selbst nichts Böses im
Sinn hat, kann es passieren, dass das eigene Haus von den
Freunden der Diebe ausgeraubt wird, während man mit
diesen unterwegs ist.

Wenn man wüsste, wo man hinfällt,
würde man dort vorher Stroh auslegen. (Finnland)

Wenn der Bart des Nachbarn brennt,
sollte man den eigenen Bart schnell nass machen. (Nigeria)

Wenn man vom Teufel spricht, erscheint er. (Deutschland)

Wenn man von Trollen spricht, stehen sie bereits im Flur.
(Schweden)

Wenn man vom König von Rom spricht,
erscheint er in der Tür. (Spanien)

Eidechsen können nicht ins Haus kommen,
wenn die Wände keine Risse haben. (Nigeria)

> Dieses Sprichwort kommt zum Einsatz, wenn der familiäre Zusammenhalt gefährdet ist. Insbesondere ältere Familienmitglieder bedienen sich gerne dieses Ausspruchs, wenn sie glauben, dass Jüngere den Wert und die Einheit der Familie nicht hoch genug schätzen und mit ihrem Handeln dem starken Gebäude der Familie Risse zufügen könnten.

Vier Pferde sind nicht schnell genug,
um die Zunge zu überholen. (China)

Die Wände haben Mäuse, und die Mäuse haben Ohren.
(Persien)

Das Gras hat Ohren. (Nigeria)

Ein kleiner Stumpf bringt den Schlitten zum Wanken.
(Finnland)

Überquere auch den seichten Fluss, als ob er tief wäre. (Japan)

Segel nicht weiter raus, als du zurückrudern kannst. (Dänemark)

Befrage das Krokodil erst,
nachdem du den Fluss überquert hast. (Ghana)

Reize den Hund nicht, solange du noch nicht
aus dem Dorf heraus bist. (Frankreich)

SCHÖNES
UND UNSCHÖNES

Im Kapitel «Mann und Frau» konnten die Damen in den meisten Sprichwörtern nur bedingt gut abschneiden. Ganz anders verhält es sich in diesem Kapitel, welches die Schönheit und die damit verbundene Stärke der Damenwelt in den verschiedensten Variationen preist. Nicht umsonst gelten die Frauen als das schöne Geschlecht und können zahlreichen Sprichwörtern zufolge allein mit ihrem Aussehen viel bewegen. Gleichzeitig gibt es jedoch auch einige Redewendungen, die darauf hinweisen, dass Schönheit nicht alles im Leben ist und dass ein ansehnliches Äußeres auch Nachteile mit sich bringen kann. So sieht man beispielsweise in Estland ein hübsches Gesicht mitunter als Strafe an, und auch das russische Sprichwort «Das eigene Fell ist des Fuchses Feind» weist auf die Gefahr eines zu schönen und begehrenswerten Äußeren hin.

Schönheit zieht besser als Ochsen. (England)

Zwei Brüste ziehen mehr als 1000 Wagen. (Spanien)

Ein einzelnes Frauenhaar kann mehr ziehen als zehn Ochsen.
(Israel)

Ein einzelnes Haar vom Kopf einer schönen Frau reicht aus, um einen Elefanten anzubinden. (Japan)

Ein schönes Gesicht ist der Schlüssel
zu verschlossenen Türen. (Tadschikistan)

Das Lächeln einer hübschen Frau
kann ein ganzes Schloss untergraben. (Japan)

Selbst der größte Held kann nicht
gegen die Schönheit einer Frau bestehen. (Taiwan)

Eine schöne Frau lässt Fische zu Boden sinken
und Ziegen vom Himmel regnen. (China)

Selbst wenn sie schweigt, bleibt eine schöne Frau
nicht unbemerkt. (Japan)

Schmetterlinge fliegen zu den hübschen Blumen. (Korea)

Jedem schönen Mädchen winkt eine goldene Zukunft. (Russland)

Egal, ob mit oder ohne Nasenring:
Frauen sind immer schön anzusehen. (Afrika)

Der Mann verlässt das Haus, um arbeiten zu gehen;
die Frau verlässt das Haus, um sich der Welt zu zeigen. (Finnland)

Wenn du verliebt bist, ist sogar ein Affe schön;
wenn du nicht verliebt bist, ist sogar die Lotusblume hässlich.
(China)

Wer eine hässliche Frau liebt, findet sie schön. (Chile)

Eine hübsche Frau sieht auch in einem alten Kleid gut aus.
(Tschetschenien)

Eine schöne Frau schminkt sich nicht. (Japan)

Ein hübscher Vogel setzt sich nicht in die Ecke. (Kamerun)

Eine schöne Blume wächst im Kuhmist. (China)

Die Lotusblume entspringt aus dem Schlamm. (China)

Nur die Nachtigall kann die Rose verstehen. (Indien)

> Dieses indische Sprichwort bezieht sich ähnlich wie die chinesische Redewendung «Eine schöne Blume wächst im Kuhmist» auf die Ebenbürtigkeit von Ehepartnern hinsichtlich ihrer Schönheit. Während die indische Variante darauf hinweist, dass nur ein schöner Ehemann (Nachtigall) eine schöne Ehefrau (Rose) verstehen kann bzw. verdient, zeigt die chinesische Variante einen Missstand auf. Sie besagt, dass hübsche Frauen oftmals mit hässlichen oder schlechten Ehemännern verheiratet sind. Gleiches gilt für das chinesische Sprichwort «Die Lotusblume entspringt aus dem Schlamm». Beide Redewendungen aus China sind nicht nur als einfache Feststellung, sondern auch als Kritik gegenüber den Ungleichheiten zu verstehen.

Du bist schön, aber lerne zu arbeiten,
denn Schönheit kann man nicht essen. (Kongo)

Aus Schönheit kann man keine Suppe machen. (Estland)

Schönheit bringt nicht das Essen zum Kochen. (Irland)

Schöne Straßen bringen dich nicht weit. (China)

Eine Frau ohne Ohrringe ist wie ein Haus ohne Möbel. (Kuba)

Eine schöne Frisur versteckt hässliche Füße. (Irland)

Schmetterlinge vergessen, dass sie mal Raupen waren.
(Schweden)

Eine hübsche Frau hat kein Glück. (Japan)

Ein hübsches Gesicht ist eine Strafe. (Estland)

Das eigene Fell ist des Fuchses Feind. (Russland)

In der feinsten Vase sind die hässlichsten Risse. (China)

Je prunkvoller die Blüte, desto schaler ist die Frucht. (Japan)

Die hässlichste Frau macht sich am aufwendigsten zurecht.
(Portugal)

Den meisten Zucker erhält das Törtchen, das verbrannt ist.
(Niederlande)

Auch die Hyäne hat einen Freund. (Kenia)
Dieses Sprichwort stammt von den Meru aus Zentral- und
Ostkenia. Die Meru sind bekannt für ihre Hochzeits- und
Beziehungsrituale. Die Hyäne wird in diesem Sprichwort
als Sinnbild der Hässlichkeit eingesetzt. Die Aussage, dass
(sogar) die (hässliche) Hyäne einen Freund hat, ist als
Hinweis zu verstehen, dass man keine Vorurteile gegen
Menschen haben soll, die in ihrem Aussehen oder in ihrer
Intelligenz nicht dem Ideal entsprechen. Dahinter steckt
die Überzeugung, dass alle Menschen wertvoll sind und
einen Freund und Ehepartner finden können, unabhängig
davon, wie schön oder attraktiv sie auf den ersten Blick
wirken. Das deutsche Äquivalent zu diesem Sprichwort
lautet «Auf jeden Topf passt ein Deckel».

Eine hübsche Frau ohne Mann hat einen großen Fehler
oder ein schlechtes Betragen. (Kongo)

Schönheit ohne Anständigkeit ist wie ein goldener Teller,
auf dem eine Maus sitzt. (Saudi-Arabien)

Ein hässlicher Mensch mit gutem Charakter ist schön;
ohne Charakter ist ein schöner Mensch hässlich. (Nigeria)

Schöne Worte sind nicht wahr,
und wahre Worte sind nicht schön. (Japan)

Wenn Schönheit lacht, muss das Unschöne weinen.
    (Niederlande)

JUGEND
UND ALTER

Mit dem Älterwerden ist das so eine Sache. Kaum einer freut sich darüber, und viele versuchen die sichtbaren Folgen des Alterns mit Hilfe verschiedenster Mittelchen, Cremes und mitunter sogar Schönheitsoperationen aufzuhalten. Dabei hat das Älterwerden durchaus auch Vorteile, vor allem verspricht es eines: Erfahrung. Und die kann einem im Leben so manches erleichtern, oder, wie man in Afrika sagt: «Der alte Elefant weiß, wo er Wasser findet.»

Die erste Generation pflanzt Bäume,
die nächste Generation genießt den Schatten. (China)

Töte den Elch, wenn du jung bist,
und du wirst in seinem Fell schlummern,
wenn du alt bist. (Finnland)

Wenn du jung bist, trage Steine, wenn du alt bist, esse Pilaf.
(Aserbaidschan)

Wenn sich die Haut des Bauches spannt,
erschlafft die Haut der Augen. (Japan)

Kinder sind wie Entenschmalz. (Nigeria)
> Keine Sorge, dieses Sprichwort ist keine Geschmacksbeschreibung aus einem Kochbuch, welches zum Verspeisen von Kindern ermuntert. Vielmehr ist das Gegenteil der Fall: Die Gleichstellung von Kindern und Entenschmalz

dient der Schonung und dem Schutz der Kinder. Sie besagt, dass Kinder noch nicht stark genug für Erwachsenenarbeit sind, da sie beim harten Arbeiten in der Mittagssonne dahinschmelzen würden wie Entenschmalz.

Das Leben ist wie eine Zwiebel,
die man unter Tränen schält. (Frankreich)

Neue Besen kehren gut. (England)

Neue Besen kehren gut, aber der alte Besen kennt die Ecken.
(Irland)

Auch mit einem alten Besen
kann man noch den Boden fegen. (Estland)

Alter Abfall stinkt nicht. (Tansania)

Einem alten Gorilla brauchst du die Pfade des Urwalds
nicht zu zeigen. (Kongo)

Perlen findet man in alten Muscheln. (Vietnam)

Junge Füße finden in alten Schuhen Halt. (Schottland)

Unter dem Bart einer alten Frau lebt es sich sicher
und geschützt. (Schottland)

Erfahrung ist wie ein Kamm, den uns die Natur gibt,
wenn wir keine Haare mehr haben. (China)

Wer nicht auf die Alten hört,
ist wie ein Baum ohne Wurzeln. (Kenia)

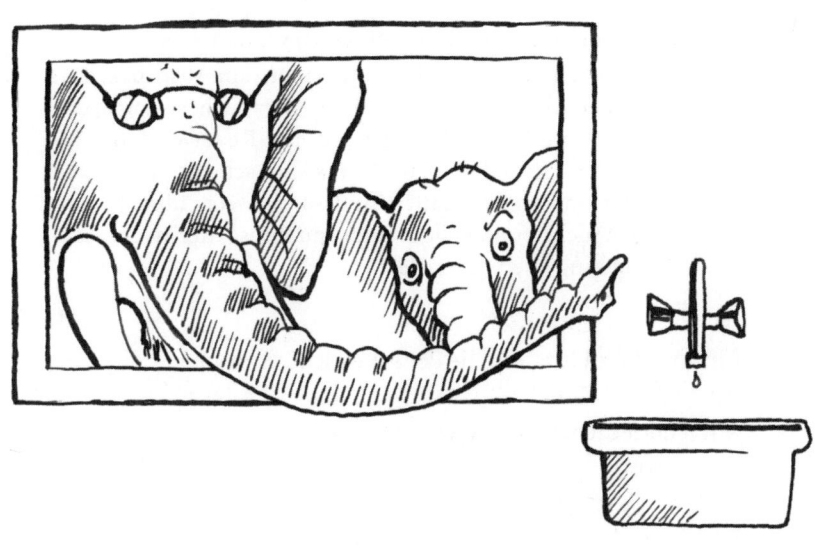

Der alte Elefant weiß, wo er Wasser findet. (Südafrika)

Einen alten Baum verpflanzt man nicht. (Deutschland)

Du kannst einem alten Hund keine neuen Tricks beibringen.
(England)

Aus dem Munde eines Alten kommt verwester Atem,
jedoch kein verwestes Wort. (Kongo)

Ein Affe ist nie zu alt, um mit Steinen zu werfen. (Kenia)
Dieses kenianische Sprichwort bringt zum Ausdruck, dass
der Mensch mit zunehmendem Alter nicht automatisch
weiser wird bzw. weiser handelt. Die Redewendung entspricht in etwa dem deutschen «Alter schützt vor Torheit
nicht» und weist darauf hin, dass man von älteren Menschen nicht immer allein aufgrund ihres Alters weise Entscheidungen erwarten darf.

Ein altes Pferd fürchtet die Peitsche nicht. (Schweiz)

Mit jedem Lachen ziehen wir einen Nagel aus unserem Sarg.
(Italien)

Die alte Frau kümmert sich um das Kind,
dem die ersten Zähne wachsen,
und die junge Frau kümmert sich um die alte Frau,
der die Zähne ausfallen. (Elfenbeinküste)

Wenn der Löwe alt ist, muss er Gras fressen. (Kenia)

Wenn junges Laub kommt, fällt das alte ab. (Deutschland)

Der neue Schnee ist der Tod des alten. (Finnland)

Das körperliche Interesse am anderen Geschlecht ist auch im Alter ein wichtiges Thema. Dass dieses schon weit vor Viagra und modernen Operationsmethoden so war, belegen zahlreiche, teilweise jahrhundertealte Sprichwörter aus den verschiedensten Kulturen. Häufig kommen Metaphern aus der Tierwelt zum Einsatz, doch auch andere Vergleiche wie Öfen, Holz oder Violinen dienen dazu, die Sexualität im Alter zu beschreiben.

Auf einem alten Gaul lernt man das Reiten. (Deutschland)

Auch alte Ziegen lecken gern am Salz. (Ungarn)

Eine alte Henne macht eine gute Suppe. (Spanien)

Je trockener das Holz, desto höher die Flammen. (Spanien)

Ein alter Ofen erhitzt sich schneller als ein neuer. (Frankreich)

In der Liebe sind reife Frauen die besten. (Japan)

Je älter die Geige, desto süßer der Klang. (Belize)

Alte Bullen lieben frisches Gras. (Argentinien)

Alte Kühe mögen junges Gras;
alte Männer mögen junge Frauen. (Bangladesch)

Alte Katzen mögen junge Mäuse. (Bolivien)

Alte Mäuse mögen frischen Käse. (Argentinien)

Auch wenn das Basilikum welkt,
sein Aroma bleibt bestehen. (Griechenland)

Je älter der Ingwer, desto schärfer. (China)

HÖFLICHKEIT
UND BENEHMEN

Gute Umgangsformen machen einem das Leben leichter. Das gilt in den eigenen vier Wänden genauso wie im Hause, in welchem man zu Gast ist. Doch was macht man, wenn man ein anderes Land bereist und mit den dortigen Sitten nicht vertraut ist? Nicht umsonst weist das alte Sprichwort «Andere Länder, andere Sitten» auf die zum Teil großen kulturellen Unterschiede hin. In Zeiten von Fernreisen und Globalisierung sind Sprichwörter eine wichtige Stütze, um sich als Gast angemessen benehmen zu können. So empfiehlt man zum Beispiel in Jamaika, nicht über Ohren zu reden, wenn man das Haus eines Esels betritt. Auch der Tipp aus Haiti, jemandem, der für einen schwitzt, das T-Shirt zu wechseln, ist für Reisende sicherlich sehr wertvoll. Grundsätzlich empfiehlt es sich, Gastfreundschaft nicht länger als drei Tage in Anspruch zu nehmen. Denn schließlich verhält es sich mit Besuch wie mit Fisch: Am dritten Tage stinkt er. Diese Regel gilt in Japan ebenfalls, auch wenn die Japaner eine weitaus sanftere Formulierung gefunden haben: «Gäste und Reiher sind am schönsten, wenn sie sich erheben.»

Andere Länder, andere Sitten. (Deutschland)

Andere Felder, andere Grashüpfer;
andere Meere, andere Fische. (Indonesien)

Andere Bäume, andere Baumfäller. (Litauen)

Ein bisschen Duft verbleibt stets an der Hand,
die dir Rosen reicht. (China)

Der freundliche Mann füttert seine Katze,
bevor er sich an den Essenstisch setzt. (Israel)

Wenn jemand für dich schwitzt, wechselst du sein T-Shirt.
(Haiti)

Wer einen Esel besucht, sollte nicht über Ohren sprechen.
(Jamaika)

Wer zu viel Aufmerksamkeit beansprucht,
trübt den Tee des Gastgebers. (Japan)

Wenn du in Rom bist, benimm dich wie die Römer. (England)

Handle stets nach Landesbrauch;
kommst du in ein Dorf mit Einäugigen,
so blende dir ein Auge,
damit du bist wie sie. (Saudi-Arabien)

Wer in Rom leben möchte,
sollte sich nicht mit dem Papst streiten. (Frankreich)

Jeder ist nett, solange keine Kuh seinen Garten betritt. (Irland)

Lobe das Kind, und die Mutter wird dich lieben. (Dänemark)

Talente ohne Tugend sind wie Sklaven ohne Herren:
Sie können sich nicht gut benehmen und sind zu allem fähig.
(China)

Ein Hahn, der zu Besuch ist, kräht nicht. (Nigeria)

Besuch ist wie Fisch: Am dritten Tage stinkt er. (Deutschland)

Gäste und Reiher sind am schönsten, wenn sie sich erheben.
(Japan)

Bitterer Tee, mit Wohlwollen dargeboten, schmeckt süßer
als Tee, den man mit saurer Miene reicht.
(China)

Man kann einem Gast keinen leeren Kürbis anbieten. (Kenia)

Ein Gast, der einen Teller zerschlagen hat,
wird nicht vergessen. (Kongo)

Ein Gast überisst sich nicht. (Kenia)

Bist du in jemandes Haus, so komme mit ihm aus. (Saudi-Arabien)

Derjenige, der allzu üppig spendiert,
sät Hass bei seinen Gästen. (Japan)

INDIVIDUUM
UND GEMEINSCHAFT

Menschen sind wie Rudeltiere und leben seit Urzeiten in Gruppen zusammen. Ein hohes Maß an Arbeitsteilung und Spezialisierung sowie unterschiedliche Formen der Hierarchisierung und sozialen Organisation sind kennzeichnend für die Entwicklung des Menschen. Die Starken helfen den Schwachen, die Reichen helfen den Armen, was man alleine nicht schafft, erledigt sich leicht gemeinsam. Das klingt schön und erstrebenswert, alltäglich ist es leider nicht. Denn jeder Mensch ist auch ein Individuum, das nicht nur an die anderen, sondern vor allem an sich selbst denkt.

«Wenn jeder an sich selbst denkt, ist an alle gedacht», sagt der Volksmund und beschreibt mit dieser nüchternen Formulierung eine wesentliche Charaktereigenschaft des Menschen: den Egoismus. Viele Menschen streben nach Aufstieg und versuchen, aus der Masse herauszuragen und es zu etwas Besonderem zu bringen. Interessanterweise wird für den eigenen Aufstieg oft die Hilfe der anderen in Anspruch genommen. Aus dem «ich» wird dann gern ein «wir», welches, sobald der Aufstieg gelungen ist, wieder zurück zum «ich» gewandelt wird. Viele Sprichwörter beschäftigen sich mit der Frage, ob man es als Einzelkämpfer oder als Gruppentier im Leben leichter hat, und mit den Herausforderungen, Gruppen zu führen und in Gruppen zu leben.

Gemeinsam sind wir stark. (Deutschland)

Zwei Ameisen können einen Grashüpfer davontragen.
(Tansania)

Zum Klatschen braucht man zwei Hände. (England)

Viele Hände machen die Arbeit leichter. (England)

Viele Hände machen schnell ein Ende. (Ungarn)

Affen pflücken die Früchte gemeinsam. (Liberia)

Viele Ameisen können ein Kamel töten. (Türkei)

Ein einzelner Finger kann keine Flöhe fangen. (Haiti)

Ein einzelner Hund kann nicht kämpfen. (Irland)

Eine einzelne Hand kann keine Schleife binden. (Liberia)

Ein einzelner Armreif kann nicht rasseln. (Guinea)

Ein einzelner Stock kann vielleicht qualmen,
doch brennen kann er nicht. (Äthiopien)

Ein Parasit kann nicht einsam leben. (Namibia)

Jeder ist sich selbst der Nächste. (Deutschland)

Der längste Grashalm wird als Erstes gestutzt. (Russland)

Der Pfahl, der hervorsteht, wird von den Wellen gepeitscht.
(Japan)

Überquere den Fluss in der Gruppe,
und das Krokodil wird dich nicht fressen. (Madagaskar)

Wenn zwei Leute auf einem Pferd reiten,
muss einer hinten sitzen. (England)

Wenn Teller gestapelt werden,
lässt sich das Klappern nicht vermeiden. (Nigeria)

> Dieses nigerianische Sprichwort beschreibt eine demokra-
> tische Gesellschaft in einer Phase der Meinungsbildung.
> Die Teller sind als gleichberechtigte Diskussionspartner
> zu verstehen, die sich hinsichtlich der Vor- und Nachteile
> einer bestimmten Sache austauschen und lautstark dis-
> kutieren. Das Sprichwort steht zum einen für das Modell
> einer gemeinschaftlichen Meinungsfindung. Andererseits
> warnt es davor, dass es zu Streitereien kommen kann,
> wenn viele Menschen zusammenleben und unterschied-
> liche Ziele verfolgen.

Wenn sich Spinnennetze vereinen,
können sie Elefanten aufhalten. (Äthiopien)

Auch wenn alle Frösche noch so böse gucken –
sie können die Kuh nicht daran hindern,
aus ihrem Teich zu trinken. (Kenia)

Ein Schiff mit vielen Kapitänen wird auf einem Riff enden.
(Japan)

Zu viele Köche versalzen das Porridge. (Niederlande)

Viele Köche verderben die Suppe. (Ungarn)

Zu viele Hände verderben den Kuchen. (USA)

Zu viele Befehle verwirren den Hund. (Tansania)

Sind zu viele Kühe auf einer Wiese,
kann das Gras nicht wachsen. (Kongo)

Wo zu viele Hähne krähen, wird es später hell. (Griechenland)

Zwei Elefanten können nicht im Schatten
desselben Baumes sitzen. (Namibia)

Gemeinschaft ist stark wie Wasser
und dumm wie ein Schwein. (Russland)

Wenn zu viele Köche den Brei verderben, muss das Essen ausfallen. Doch nicht immer liegt es an den Führungspersonen,
Chefs oder Entscheidungsträgern, wenn eine Gruppe nicht
gut zurechtkommt bzw. die Stimmung nicht harmonisch ist.
Manchmal reicht schon ein einzelnes schwarzes Schaf inner-
halb der Gruppe, um die Stimmung oder die Leistungsfähig-
keit zu verderben.

Eine schlechte Pfeife verdirbt die ganze Orgel. (Niederlande)

Ein schlechtes Ei verdirbt den gesamten Pudding.
(Deutschland)

Ein verrotteter Apfel verdirbt die gesamte Kiste.
(England)

Ein fauler Fisch verdirbt die ganze Küche. (Guinea)

Ein einzelner Fleck beschmutzt das ganze Kleid. (Belgien)

Öl und Wasser vermischen sich nicht. (England)

Eier und Metall gehören nicht ins selbe Körbchen.
(Ghana)

Ein weißes Hemd und rotes Öl
können keine Freunde werden. (Nigeria)

Trinken und Denken vereinen sich nicht. (USA)

Dornen und Füße vertragen sich nicht. (Nigeria)

FREUNDSCHAFT
UND FEINDSCHAFT

Mit guten Freunden verbringt man gern seine Zeit. Mit ihnen schmeckt nicht nur das Bier am besten, mit ihnen kann man auch die besten Gespräche führen, und in schlechten Zeiten sind es die guten Freunde, die einem zur Seite stehen. Auf einen echten Freund ist Verlass, und dieser – so besagt es ein türkisches Sprichwort – würde sogar ein rohes Hühnchen für einen verspeisen, wenn es darauf ankommt. Das ist nicht nur beruhigend, sondern auch ein guter Grund, sich für seine Freundschaften einzusetzen. Auch andere Argumente sprechen dafür, Freundschaften zu pflegen: So warnt zum Beispiel ein äthiopisches Sprichwort, dass aus einem guten Freund ein erbitterter Feind werden kann, und daher empfiehlt es sich, Freunde weder mit Torten zu bewerfen (Ratschlag aus Japan), noch die Fliegen von des Freundes Stirne mit einem Beil zu vertreiben (Tipp aus China).

Wer einen grünen Zweig in seinem Herzen trägt,
dem singen die Vögel ein Lied. (China)

Die Freunde unserer Freunde sind unsere Freunde. (Kongo)

Gleich und gleich gesellt sich gern. (Deutschland)

Der Freund des Häuptlings ist ebenfalls Häuptling. (Kongo)

Eine Zwiebel, die man sich mit einem Freund teilt,
schmeckt wie gegrilltes Lamm. (Ägypten)

Bist du bei einem Freund eingeladen,
so isst du auch das Bein des Grashüpfers,
wenn dein Freund nichts Besseres anbieten kann. (Kongo)

Salz und Brot schneiden wir gemeinsam. (Aserbaidschan)

Besser mit Freunden in Ketten zu liegen,
als mit Fremden im Garten zu sitzen. (Persien)

Eine Freundschaft ist wie eine Tasse Tee.
Sie muss klar und durchscheinend sein,
und man muss auf den Grund schauen können. (China)

Wer sich mit einem Blatt des Bananenbaums
gegen den Regen schützt, sollte dieses nicht in Stücke reißen,
wenn die Sonne wieder scheint. (Kenia)

> Dieses Sprichwort aus Kenia hat seinen Ursprung im Rift
> Valley und ist eng mit der Geschichte des Nandi-Stammes
> verbunden. Die Nandi haben in den vergangenen Jahr-
> hunderten schwere Zeiten mit Kolonialisierung, Dürren
> und Kriegen durchleben müssen. Der Regen symbolisiert
> in diesem Sprichwort die Zeit der Not und Entbehrungen,
> wohingegen die Sonne für die friedliche Zeit und das Ende
> der Sorgen steht. Das Blatt des Bananenbaums dient als
> Metapher für die Hilfe und die Unterstützung von Freun-
> den, die einem in der Not Schutz gewähren. Das Sprich-
> wort empfiehlt, die Freunde, die einem in schlechten Zei-
> ten geholfen haben, in guten Zeiten nicht zu vergessen.

Keine Kamelreise ist lang,
wenn man in guter Gesellschaft reist. (Türkei)

Ein alter Freund ist wie ein gesatteltes Pferd. (Afghanistan)

Es gibt keinen besseren Spiegel als einen alten Freund.
(Spanien)

Für einen Freund isst man auch ein rohes Hühnchen. (Türkei)

Einen wahren Freund erkennen wir in Armut. (Polen)

Du weißt nicht, wer dein Freund und wer dein Feind ist,
bevor das Eis bricht. (Island)

Verjage die Fliege von der Stirn deines Freundes
nicht mit dem Beil. (China)

Aus einem engen Freund kann ein großer Feind werden.
(Äthiopien)

Ehe ein Feind zum Freund wird, wird der Esel ein Arzt.
(Saudi-Arabien)

Wenn man einen Freund mit Torten bewirft,
wird dieser mit Torten zurückwerfen. (Japan)

Eine Wunde, die ein Freund schlägt, heilt nicht. (Zaire)

Schmutziges Wasser kann man nicht waschen. (Togo)

Wer eine Freundschaft von Dauer sucht,
geht zum Friedhof. (Russland)

Wer «Ich hasse dich» sagt, meint «Ich liebe dich». (Japan)

Wenn du einen Mann hasst, lass ihn leben. (Japan)

Bei der Auswahl der Freunde gilt es, stets die Konsequenzen im Blick zu behalten. Denn wer sich in schlechte Gesellschaft begibt, wird schnell Teil dieser Gesellschaft und läuft Gefahr, deren schlechte Eigenschaften zu übernehmen:

Ziegen können nicht in der Leopardenherde leben. (Mali)

Das Schaf, das mit den Hunden zieht,
wird deren Abfälle fressen. (Nigeria)

Wer sich zu den Hunden legt, wird mit Flöhen erwachen.
(Irland)

Wer die Nacht im Sumpf verbringt,
wird als Cousin eines Frosches erwachen. (Tunesien)

Wer die Nacht mit Hühnern verbringt,
wird am nächsten Morgen gackern. (Tunesien)

Wer sich im Schlamm wälzt,
wird von den Schweinen gegessen. (Niederlande)

Wer sich unter den Hafer mischt,
wird von den Hühnern aufgepickt. (Libyen)

VERTRAUEN
UND MISSTRAUEN

Vertrauen ist gut, Kontrolle ist besser», sagt der Volksmund. Eine Vielzahl von Sprichwörtern belegt, dass das Vertrauen unter den Menschen ein zwar geschätztes, doch auch seltenes Gut ist. Viele wurden schon getäuscht, und da ist es nicht verwunderlich, dass zahlreiche Redewendungen vor zu großem oder voreiligem Vertrauen warnen. So fragt man sich zum Beispiel in Zaire, ob beim Gegenüber nur die Zähne strahlen oder ob dahinter auch das Herz lächelt. Und auch die Einstellung aus Tunesien ist durchaus nachvollziehbar, dass man Allah vertrauen, aber zur Sicherheit am besten zusätzlich das Kamel anbinden soll.

Die Zähne strahlen, doch lächelt auch das Herz? (Zaire)

Die Zähne, die lächeln, können auch beißen. (Nigeria)

Zu viel Vertrauen ließ den Frosch seinen Schwanz verlieren.
(Burundi)
Dieses Sprichwort aus Burundi hat seinen Ursprung in einer alten afrikanischen Fabel: Als Lugaba (eine Gottheit) die Tiere zu sich rief, um ihnen Schwänze zu geben, vertraute der Frosch darauf, dass Lugaba ihn kennen und einen Schwanz für ihn aufbewahren würde. Als der Frosch mit großer Verspätung endlich bei Lugaba erschien, um sich seinen Schwanz abzuholen, waren bereits alle Schwänze verteilt. Aus diesem Grund ist der Frosch eines der wenigen Tiere, das bis heute ohne Schwanz leben muss.

Wer sein Herz kennt, misstraut seinen Augen. (China)

Im dunklen Wasser kann sich sogar ein Nilpferd
unsichtbar machen. (Burkina Faso)

Vertraue weder einem stillen Gewässer
noch einem stillen Mann. (Dänemark)

Vertraue weder störrischen Pferden noch Männern von Rang,
wenn diese den Kopf schütteln. (Dänemark)

Vertraue deiner Frau nicht,
bevor sie dir zehn Söhne geboren hat. (China)

Einem dünnen Koch kann man nicht trauen. (Polen)

Auch wenn du ein Meisterbetrüger bist:
Betrüge nicht denjenigen, der dir Vertrauen schenkt.
(Saudi-Arabien)

Das Herz eines Mannes ist ein Sack,
der nicht für alle offen steht. (Ruanda)

Derjenige, der dich nicht rasiert, kann dich nicht schneiden.
(Somalia)

Vertraue in Allah, aber binde dein Kamel an. (Tunesien)

Wo Licht ist, ist auch Schatten. (Deutschland)

Wo es nicht brennt, steigt kein Rauch auf. (Japan)
Dieses japanische Sprichwort bezieht sich auf Gerüchte und
deren Wahrheitsgehalt. Es besagt, dass man einer Person

mit Misstrauen begegnen sollte, wenn man gerüchtehalber etwas Negatives über sie erfahren hat. Das Sprichwort geht davon aus, dass Gerüchte nicht ohne Grund entstehen, so wie auch Rauch nicht ohne ein Feuer entstehen kann. Ein anderes Sprichwort aus Japan weist allerdings mit den Worten «Die Blume blüht auch ohne Wurzeln» darauf hin, dass sich mitunter auch vollkommen erfundene Geschichten (Blüten) ohne jeden Wahrheitsgehalt (Wurzeln) eine Zeitlang halten können. Diesem Gegensprichwort zufolge sollte man einem Menschen erst dann mit Misstrauen begegnen, wenn man ein Gerücht selbst bestätigt sieht.

Am Fuße des Leuchtturms ist es dunkel. (Japan)

Auch in der frischesten Milch findet sich ein Haar. (Mali)

Glaube nie den Tränen einer Frau. (Mexiko)

Egal, wie hart der Regen auf das Fell des Leoparden peitscht, die Flecken verwaschen nicht. (Ghana)

Dieses ghanaische Sprichwort beschäftigt sich mit der Frage, ob Menschen sich ändern können. Es gibt darauf eine verneinende Antwort und drückt aus, dass sich schlechte Charaktereigenschaften auch unter großem Druck nicht eliminieren lassen. Das Sprichwort sowie seine weichere Variante «Der Leopard wechselt seine Flecken nicht» kommen zum Einsatz, wenn andere Menschen vor zu großer Vertrauensseligkeit gegenüber Menschen gewarnt werden sollen, die schon einmal etwas Böses oder Schlechtes getan haben.

Wer einmal lügt, dem glaubt man nicht, und wenn er auch die Wahrheit spricht. (Deutschland)

Wer anderen vertraut, ist glücklich;
wer anderen misstraut, ist weise. (Ungarn)

Misstrauen ist eine Axt im Baum der Liebe. (Russland)

ESSEN
UND TRINKEN

Jedes Land hat seine eigenen Spezialitäten und kulinarischen Vorlieben. Oftmals sind diese weit über die Landesgrenzen bekannt, sodass einem zu vielen Ländern spontan traditionelle Speisen oder Getränke einfallen: Italien? Pasta und Rotwein! Frankreich? Käse und Baguette! Ungarn? Paprika und Gulasch! Deutschland? Sauerkraut und Bier! Viele Sprichwörter haben die leiblichen Genüsse zum Inhalt und zeigen mitunter humorvoll überzogen, welche Vorlieben hinsichtlich Speis und Trank in den unterschiedlichen Ländern vorherrschen.

Kaffee sollte schwarz sein wie die Hölle,
stark wie der Tod und süß wie die Liebe. (Türkei)

Der Kaffee muss so heiß sein wie die Küsse eines Mädchens
am ersten Tag, so süß wie die Nächte in ihren Armen
und so schwarz wie die Flüche der Mutter, wenn sie es erfährt.
(Tunesien)

Tschechisches Bier formt schöne Körper. (Tschechien)

Wodka ist die Tante des Weines. (Russland)

Was Butter und Whiskey nicht heilen,
lässt sich nicht heilen. (Irland)

Wenn man trinkt, stirbt man; wenn man nicht trinkt,
stirbt man – da ist es besser, zu trinken. (Russland)

Egal, wer König ist: Tee ist die Königin. (Irland)

Wer keinen Käse isst, wird verrückt. (Frankreich)

Wasser kann man nicht trinken – es ist kein Wodka. (Russland)

Es gibt nichts Schöneres als ein gutes Omelett. (Frankreich)

Bohnen sind nicht das Gleiche wie Fleisch. (Namibia)

Wer die Milch frisch halten möchte,
sollte sie in der Kuh lassen. (Liberia)

Wer altes Brot isst, schwimmt gut. (Russland)

Selbst die geschickteste Hausfrau
kann ohne Reis kein Essen kochen. (China)

Wenn du ewig leben willst, musst du Wein trinken
und Nudeln essen. (Italien)

Tee erleuchtet den Verstand, schärft die Sinne,
verleiht Leichtigkeit und Energie und vertreibt Langeweile
und Verdruss. (China)

Ein Fisch muss dreimal schwimmen:
einmal im Wasser, einmal in der Sauce
und einmal im Bier. (Polen)

Knoblauch ist so gut wie zehn Mütter. (Indien)

LAUT UND LEISE

Was einen im Leben weiterbringt, ist mitunter schwer zu sagen. Manche meinen eine Antwort zu haben und verkünden diese lautstark. Andere haben vielleicht eine Antwort, behalten diese jedoch lieber für sich. Zum Glück gibt es Sprichwörter, die sich mit dem Lauten und Leisen auskennen und die wissen, wann welche Lautstärke angebracht ist. So ist das Schreien eines hungrigen Babys ein geeignetes und zielführendes Mittel, um der Mutter ein dringendes Bedürfnis klarzumachen. Für einen Erwachsenen hingegen kann es manchmal durchaus angebracht sein, zu schweigen, bzw. wie die Japaner es ausdrücken: den Mund so zu schonen, wie Tiger und Leoparden ihre Klauen schonen. Die Sprichwörter zeigen sich auf dem Gebiet des Lauten und Leisen sehr vielseitig, sodass man am besten fallweise entscheidet, welche Lautstärke die gerade passende ist.

Der Löwe, der auf stiller Pfote wandelt,
bekommt das Fleisch. (Kenia)

Reden ist Silber, Schweigen ist Gold. (Deutschland)

Die beste Rede ist die wohlerwogene; wenn du redest, muss deine Rede besser als dein Schweigen sein. (Saudi-Arabien)

Schweigen ist eine Blume. (Japan)

Der Weise schont seinen Mund,
Tiger und Leoparden schonen ihre Klauen. (Japan)

Ein Narr trägt sein Herz auf der Zunge,
ein Weiser seinen Mund im Herzen. (Saudi-Arabien)

Winde deine Zunge siebenmal, bevor du sprichst. (Frankreich)

Halte deine Zunge gefangen,
oder sie wird dich gefangen nehmen. (Saudi-Arabien)

Der stille Käfer frisst die Saat. (Tansania)

Es sind die stillen Würmer, die Löcher in die Wände bohren.
(Japan)

Auch wer schweigt, sagt etwas. (Spanien)

Das Leise hat eine starke Stimme. (China)

Es braucht nur zwei Worte,
um einen Esel zum Marktplatz zu treiben:
«Los» und «Stopp». (Haiti)

Das Schwert einer Frau ist ihre Zunge –
und diese setzt keinen Rost an. (China)

In einen geschlossenen Mund fliegen keine Fliegen. (Spanien)

Sag die Wahrheit, und dein Kopf wird zerbrochen. (Ungarn)

Ein T-Shirt gehört in die Hose
und die Zunge hinter die Zähne. (Polen)

Wer vor dem Schweigenden redet,
ist schnell nackt. (Japan)

Die Zunge ist wie ein Drache,
und auch wenn sie kein Blut vergießt,
so kann sie doch töten. (China)

Eine Zunge hat keine Knochen
und kann dennoch Knochen zerbrechen. (Ägypten)

Einem schweigenden Munde ist nicht zu helfen. (Deutschland)

Das Baby, das nicht schreit,
bekommt keine Milch. (Aserbaidschan)

Das quietschende Rad bekommt das Öl. (England)

Noch nicht einmal eine Mutter
kann ein stummes Kind verstehen. (Ungarn)

Stumme Menschen bekommen kein Land. (England)

Auf leeren Eimern kann man am lautesten trommeln. (Nigeria)

Stille Wasser sind tief. (Deutschland)

Viele Bücher führen nicht zum Versiegen der Worte;
viele Worte führen nicht zum Versiegen des Denkens. (China)

Gute Dinge verkaufen sich von selbst;
schlechte Dinge müssen beworben werden. (Äthiopien)

Das Flüstern eines hübschen Mädchens kann man
weiter hören als das Brüllen eines Löwen. (USA)

Ein böses Wort hört man 100 Meilen weit,
auch wenn es nur geflüstert wird. (China)

Ein Seufzer geht tiefer als ein Schrei. (Schottland)

Das Flüstern eines Grashalms kann einem
schlechten Gewissen wie Donner tönen. (Japan)

Ein Kind lernt schneller zu sprechen, als zu schweigen.
(Norwegen)

Schweigen ist ein wertvoller Schmuck,
den eine Frau nur selten trägt. (Dänemark)

Eine Frau verschweigt nur ihr Alter und die Dinge,
die sie nicht kennt. (Bulgarien)

Habe eine Zunge scharf wie ein Dolch
und ein Herz sanft wie Tofu. (China)

Der Mund ist eine Rose, und die Zunge ist ein Dorn. (Ungarn)

Wem vor Freude das Herz aufgeht,
lässt den Inhalt durch den Mund entweichen. (Äthiopien)

TIPPS UND TATSACHEN
ZUM SCHLUSS

Liebe Leser,

ich hoffe, dass Ihnen die bunte Zusammenstellung an Sprichwörtern aus aller Welt gefallen hat und dass Sie mal schmunzelnd und mal staunend die eine oder andere neue Perspektive für sich entdecken konnten. Ich würde mich freuen, wenn ein paar der hier aufgeführten Sprichwörter nicht nur in Erinnerung bleiben, sondern ab und zu zur Anwendung kommen. Nutzen Sie die kleinen Weisheiten für Ihr Leben und geben Sie diese an andere weiter. Egal, ob in lockerer Gesprächsrunde unter Freunden, bei einer feierlichen Rede oder in einer wichtigen Geschäftspräsentation: Mit originellen Sprichwörtern begeistern Sie die Menschen!

Den Abschluss dieses Buches bildet ein Kapitel mit interessanten Tipps und Tatsachen zu unterschiedlichen Themengebieten. Wer möchte, kann den tieferen Sinn dieser Sprichwörter ergründen und sie für sich in die vorangehenden Kapitel einordnen. Und wer Lust hat mitzumachen, kann unter www.trockene-hosen.de seine eigenen Interpretationen der Sprichwörter zum Besten geben und mithelfen, das Wissen der Welt zu verbreiten. Im Forum können Sprichwörter aus aller Welt, in allen Sprachen und zu allen Themen eingetragen und kommentiert werden. Auch Anekdoten, Hintergründe und Interpretationen können hier ausgetauscht werden – schauen Sie vorbei und machen Sie mit!

Ein schlechter Haarschnitt ist zweier Männer Pein. (Dänemark)

Eine Schwiegermutter ist ähnlich wie die Yucca-Palme
unter der Erde am hilfreichsten. (Kuba)

Es gibt mehr Tage als Würstchen. (Ungarn)

Blüten sind keine Früchte. (Niederlande)

In der Hölle gibt es keine Ventilatoren. (Saudi-Arabien)

Wenn man nichts als einen Hammer hat,
sieht man überall Nägel. (Frankreich)

Wenn ein Mann isst, bewegt sich sein eigener Bart
und nicht der eines anderen. (Togo)

Ein Haus ohne Vorhänge ist wie eine Frau ohne Augenbrauen.
    (Rumänien)

Wer eine Lampe trägt, während der Mond scheint,
macht sich zum Gespött der Tiger. (Malaysia)

Ein Bier am frühen Morgen ist der erste Schritt
ins Unbekannte. (Russland)

Der einfachste Weg, einen Elefanten zu essen, ist,
ihn in kleine Stücke zu schneiden. (Afrika)

Man braucht saubere Finger, um sich gegenseitig
die Nase zu putzen. (Dänemark)

Ein Kopf ohne Gehirn braucht keinen Hut. (Spanien)

Ein Wolf tritt einem anderen Wolf nicht auf den Schwanz.
(Estland)

Eine Decke wird schwerer, wenn sie nass wird. (Indien)

Die Wahrheit ist größer als zehn Ziegen. (Nigeria)

Im Teich der Lügen schwimmen nur tote Fische. (Russland)

Egal, wie stark man den toten Fisch ins Wasser wirft,
er wird nicht schwimmen. (Kongo)

Wer sich im Matsch wälzt, wird von den Schweinen gegessen.
(Niederlande)

Wenn man einem Kind den Mond zeigt,
sieht es lediglich den Finger. (Sambia)

Termiten können sich nicht durch Felsen beißen. (Nigeria)

Wo ein Feld ist, da sind Grashüpfer. (Malaysia)

Wenn jemand ein Geschenk auf einem Esel bringt,
so erwartet er, ein Geschenk auf einem Kamel zu erhalten.
(Saudi-Arabien)

Wer unter dem Birnenbaum sitzt, wird Birnen essen. (Bulgarien)

Jeder kennt den Bären, doch der Bär kennt niemanden. (Finnland)

Alles ist möglich, außer sich in die eigene Nase zu beißen.
(Niederlande)

Dichter und Schweine werden erst geschätzt,
wenn sie tot sind. (Italien)

Schildkröten können dir mehr über den Weg erzählen
als Hasen. (China)

Wenn du eine Nase hast, kannst du einen Nasenring tragen.
(Indien)

Man kann nicht mit beiden Augen gleichzeitig
in eine Flasche schauen. (Togo)

Wenn man Zähne aus Stahl hätte,
könnte man Kokosnüsse aus Eisen essen. (Senegal)

Ein Furz stinkt in jedem Land. (Japan)

Die männliche Ziege ist schwer zu melken. (Tschechien)

Der Mann mit Nasenlöchern ist Mr. Nase
unter den Nasenlosen. (Indien)

Die Hühner laufen überall barfuß. (Japan)

Besser eine Kakerlake im Haus als einen Untermieter.
(Estland)

Wer in den Himmel spuckt,
dem fällt die Spucke zurück ins Gesicht. (Thailand)

Ein Kamel witzelt nicht über den Höcker
eines anderen Kamels. (Guinea)

Einige Vögel meiden das Wasser,
doch eine Ente sucht stets danach. (Kamerun)

Es gibt keinen Unterschied zwischen zwei Fröschen. (Finnland)

Schwimmer können ihren eigenen Rücken nicht sehen. (Togo)

Ein Kanu weiß nicht, wer der König ist –
wenn es umkippt, werden alle nass. (Madagaskar)

Je mehr du die Katze streichelst,
desto höher hebt sie ihren Schwanz. (Estland)

Jede Kabine hat ihre eigene Mücke. (Jamaika)

Das Wasser ist auf beiden Seiten des Bootes gleich. (Finnland)

Wenn wir durch einen Fluss waten, kommt es an den Tag,
wer geschlechtskrank ist. (Saudi-Arabien)

Eine Hungersnot bringt Leid für Sklave und König. (Ghana)

Der Regen kennt keine Freunde; er berieselt alle. (Nigeria)

Das Schwert kennt keinen Unterschied zwischen
dem Kopf des Schmiedes und anderen Köpfen. (Nigeria)

Der Leopard leckt alle seine Flecken – schwarze wie weiße.
    (Simbabwe)

Für jeden Faden gibt es ein Öhr. (Tunesien)

Wer Fisch sucht, sollte nicht auf Bäume klettern. (China)

Der Baum wirft seinen Schatten für alle,
sogar für den Holzfäller. (Indien)

Wer durch Nachbars Melonenbeet spaziert,
sollte dort nicht seine Schuhe schnüren. (China)

Wenn dir ein Bär auf den Fersen ist,
fange nicht an, nach Spuren zu suchen. (Griechenland)

Wer durch ein Feld voll kleiner Hügel wandert,
sollte nicht von Geheimnissen sprechen. (Israel)

Wenn du von einem Treffen den falschen Hut
mit nach Hause nimmst, stell sicher,
dass er keinem großen Mann gehört. (Irland)

Diejenigen, die Freikarten haben, gehen als Erstes. (China)

Wenn ein Elefant hinter dir her ist,
klettere auf einen Baum mit vielen Dornen. (Kenia)

Es lohnt nicht, sein eigenes Haus abzubrennen,
nur um die Schwiegermutter zu ärgern. (China)

Wer zum vielgelobten Erdbeerfeld geht,
braucht keinen großen Korb. (Bulgarien)

Streite dich niemals mit jemandem,
der Tinte im Fass kauft. (China)

Wer keine Kopfschmerzen hat,
braucht sich kein Knoblauch
auf den Kopf zu legen. (Aserbaidschan)

Verschwende deinen Ingwer nicht an Schweine. (Ungarn)

Er kann die Laus in China sehen, doch den Elefanten
auf seiner eigenen Nase bemerkt er nicht. (Malaysia)

Wer einen Kopf aus Wachs hat, sollte nicht am Feuer sitzen.
(Frankreich)

Nur tote Fische schwimmen mit dem Strom. (Indien)

Sprichwörter sind wie Schmetterlinge;
manche lassen sich einfangen,
und manche fliegen davon. (Deutschland)

NACHWORT

Beim Wortschatz von Sprichwörtern und Redewendungen ist man in der Regel muttersprachlich geprägt; wer deutschsprachig aufgewachsen ist, kennt hauptsächlich deutschsprachige Sprichwörter und ist in deren Interpretation durch seine Erziehung, sein soziales sowie kulturelles und geographisches Umfeld geprägt. Sprichwörtern in anderen Sprachen oder aus fernen Kulturen begegnet man eher selten.

Redensarten und Sprichwörter sind Bestandteil der Folklore. In ihnen finden sprachliche, geographische, geschichtliche und andere Eigentümlichkeiten eines Volkes ihren Ausdruck. Doch auch wenn einzelne Völker, Länder und Kulturen in ihrer Historie zum Teil große Unterschiede aufzeigen, sind sich die Redewendungen inhaltlich häufig sehr ähnlich. Die Sprachforschung hat herausgefunden, dass auch diejenigen Völker und Kulturen, die in keinerlei Beziehung zueinander standen oder stehen und auch sonst keine signifikanten Parallelen in der sozialen und kulturellen Entwicklung aufzeigen, sinngemäß sehr ähnliche Sprichwörter besitzen. Dieses Phänomen lässt sich weniger historisch als philosophisch erklären: Die Inhalte der Sprichwörter sind grundsätzlich ähnlich, da sie die klassischen Themen des Lebens wie zum Beispiel Mut und Angst, Weisheit und Dummheit, Reichtum und Armut, Herkunft und Zukunft widerspiegeln.

Doch so ähnlich die Inhalte oft sind, so unterschiedlich können die Redewendungen in der Wortwahl sein. Sprichwörter sind häufig metaphorisch geprägt, weshalb die Formulierungen sich international meist grundverschieden darstellen. Je verschiedener die historischen, sozialen, religiösen, wirtschaftlichen, geographischen oder kulturellen Hintergründe sind, desto unterschiedlicher sind auch die Sprichwörter in ihrer Wortwahl und in ihren Bildern.

Die Zusammenstellung der Sprichwörter in diesem Buch ist in sorgfältiger, liebevoller und respektvoller Weise entstanden. Viele Sprichwörter existieren in ähnlicher Ausführung in vielen Sprachen, und der eine oder andere Leser wird ein Sprichwort vielleicht aus einer anderen Sprache oder in einer anderen Version kennen. Dieses ist durchaus möglich; die Herkunftsangaben zu den einzelnen Sprichwörtern beziehen sich jeweils auf die zitierte Variante und nicht auf den historischen Ursprung bzw. die Erstverwendung.

Die Einordnung der Weisheiten in die einzelnen Kapitel und Themenfelder repräsentiert jeweils eine einzelne Interpretation, wobei die Einordnung aufgrund der Vielschichtigkeit der Sprichwörter zum Teil auch in mehrere Kapitel möglich ist. Da Sprichwörter häufig über mehr als eine Bedeutungsebene verfügen, zum Teil ironisch sind und manchmal auch das Gegenteil ihres Wortlauts bedeuten können, kann die Einordnung in ein Kapitel immer nur eine mögliche Interpretation aufzeigen. Gerade einfache Feststellungen wie etwa «Bohnen sind nicht das Gleiche wie Fleisch» können über die Sachebene hinaus weiteres aussagen, zum Beispiel über Hunger, Genuss, soziale Unterschiede, Unzufriedenheit etc. Beim Lesen, im Diskurs und vor allem bei der situationsbezogenen Anwendung entwickeln die Sprichwörter ihre Faszination und zeigen das breite Spektrum ihrer Bedeutungsebenen.

Die Sprichwörter sind in deutscher Sprache aufgeführt, wobei die Übersetzungen nicht wörtlich, sondern in Anlehnung an die sprachliche Idee eines Sprichworts in einprägsamer Form formuliert sind. Gleichzeitig wurde Wert darauf gelegt, dass die Übersetzungen so viel wie möglich von der

Originalversion enthalten, um die Unterschiede zwischen den einzelnen Sprachen und Kulturen bestmöglich darstellen zu können.

DANK

Ich danke allen, die mitgeholfen haben, die in diesem Buch präsentierten Sprichwörter zusammenzutragen und auf ihre Richtigkeit zu überprüfen. Ein besonderer Dank geht an meine Lektorin Julia Suchorski, die mit großer Sorgfalt die Entstehung dieses Buchs begleitet und unterstützt hat. Sollte dennoch bei einer Übersetzung oder einer Interpretation ein Fehler in das Buch gerutscht sein, freue ich mich unter www.trockene-hosen.de auf Korrekturen und verspreche Besserung.

LITERATURVERZEICHNIS

Arnander, Primrose u. Ashkhain, Skipwith: *The son of a duck is always a floater: Illustrated book of arab proverbs*, Stacey International, London 2001

Arnold-Kanamori, Horst: *Großer Zampano: japanische Sprichwörter*, Dr. Kovac, Hamburg 2001

Arnott, Stephen: *Peculiar proverbs*, St. Martin's Press, New York 2008

Bonsack, Wilfried M.: *Das Kamel auf der Pilgerfahrt: 1111 arabische Sprichwörter*, Kiepenheuer, Leipzig 1978

Cooper, Christopher: *Bizarre Superstitions*, Robson Books, Gateshead 2004

Finnish Oriental Society: *Africa in the long run*, The Finnish Oriental Society, Helsinki 2007

Fuchs, Sonja: *Die haitianischen Tiersprichwörter und ihre Herkunft*, Buske, Hamburg 1996

Heinemann, Klaus-Robert: *700 japanische Sprichwörter*, Rascher, Stuttgart 1959

Helwig, Werner: *Das Affenregenmäntelchen: Japanische Sprichwörter*, Langen/Müller, München 1958

Italiaander, Rolf: *Schwarze Weisheiten: Sprichwörter, Anekdoten und Meditationen aus Afrika*, Droste, Düsseldorf 1978

Krikmann, Arvo: *Proverbs on animal identity*, Folk Belief and Media Group, Tartu 2001

Mieder, Wolfgang: *Deutsche Sprichwörter und Redensarten*, Reclam, Ditzingen 1986

Mieder, Wolfgang: *Encyclopedia of World Proverbs*, Englewood Cliffs, New Jersey, Prentice Hall 1986

Pachocinski, Ryszard: *Proverbs of Africa: Human nature in the Nigerian oral tradition*, Professors World Peace Academy, St. Paul, Minnesota 1996

Paczolay, Gyula: *European Proverbs*, Veszprémi Nyomda Rt., Veszprém 1997

Schipper, Mineke: *Never marry a woman with big feet*, Yale University Press, Cambridge 2003

Schlee, Günther u. Shongolo, Abdullahi A.: *Boran proverbs in their cultural context*, Köppe, Köln 2007

Wanjohi, Gerald Joseph: *The wisdom and philosophy of the Gĩkũyũ proverbs: The Kĩhooto World-view*, Paulines Publications, Nairobi 2001

Wolff, Ekkehard: *Sprachkunst der Lamang*, J. J. Augustin, Glückstadt 1980

Bruno Ziauddin
Grüezi Gummihälse
Warum uns die Deutschen manchmal auf die Nerven gehen
Sie kommen in Scharen, sprechen laut und wissen alles besser. Immer mehr Deutsche leben und arbeiten in der Schweiz – und treten dort in so manchen Fettnapf.
«Frech!» (NZZ am Sonntag)
rororo 62403

Ausländer sind manchmal ganz schön komisch

Dieter Moor
Was wir nicht haben, brauchen Sie nicht
Geschichten aus der arschlochfreien Zone
In der Brandenburgischen Provinz möchte Dieter Moor seinen Traum vom eigenen Bauernhof verwirklichen. Die neuen Nachbarn sind für allerlei ungeahnte Herausforderungen, komische Missgeschicke und skurrile Situationen gut. Eine charmante und witzige Liebeserklärung an eine verkannte Region. rororo 62475

Angelo Colagrossi
Herr Blunagalli hat kein Humor
Ein sprudelnder Italiener gefangen in Deutschland
Südländler trifft Teutonen! Angelo Colagrossi bleibt mit dem Zug im Schneechaos stecken. Während in den Waggons das Chaos ausbricht, erzählt er anekdotenreich und urkomisch von seinem Leben in Deutschland und seiner Arbeit fürs Fernsehen und seine Stars. rororo 62591

Weitere Informationen in der Rowohlt Revue oder unter www.rororo.de

Ralph Caspers, geboren auf Borneo, studierte an der Kunsthochschule für Medien in Köln. Er moderiert seit 1999 «Die Sendung mit der Maus» und ist sowohl Moderator als auch Drehbuchautor der Kindersendung «Wissen macht Ah!».

«Ralph Caspers macht das Klugscheißen salonfähig.» *(Süddeutsche Zeitung)*

Scheiße sagt man nicht!
Die 100 (un)beliebtesten Elternregeln

Was ist wirklich dran an Weisheiten wie «Vom Fernsehen bekommt man vierekkige Augen», «Mit vollem Magen darf man nicht schwimmen gehen» und «Gerade sitzen, sonst bekommt man einen Buckel"»? Ralph Caspers hat die (un)beliebtesten Elternregeln untersucht und erklärt unterhaltsam, welche stimmen und welche nicht. rororo 62212

Ich hab's dir ja gesagt!
Mutters tollste Sprüche

«Spinat macht stark.» – «Mund zu, sonst werden die Milchzähne sauer.» Kluge Sprüche von den Eltern – oft gehört und noch öfter genervt mit den Augen gerollt. Aber was ist dran an solchen Regeln? Ralph Caspers erklärt, was grober Unfug ist und was nicht - und warum einen Spinat nicht zu Popeye macht. rororo 62482

Weitere Informationen in der Rowohlt Revue *oder unter* www.rororo.de

1, 2, 3, 4 oder 5 Sterne?

Wie hat Ihnen dieses Buch gefallen?

Bewerten Sie es auf

www.LOVELYBOOKS.de

Das Literaturportal für Leser und Autoren

Finden Sie neue Buchempfehlungen,
richten Sie Ihre virtuelle Bibliothek ein,
schreiben Sie Ihre Rezensionen,
tauschen Sie sich mit Freunden aus
und entdecken Sie vieles mehr.

LB 2